Abenteuer

ESKAPADEN

AUSZEIT

AUSGLEICH

Wochenende

LÄCHELN

STADT. LAND. FLUSS.

LEICHTIG-KEIT

FREE

ERLEBEN

GRÜN

kleine Fluchten

Wege

Lebensfreude

NATUR

GLÜCK

von Verena Mog

Nur ein paar Stündchen

Nix wie raus, ganz schnell ins Grüne. Auch mit wenig Zeit lässt sich Großartiges erleben. Kleine und große Abenteuer warten direkt vor der Haustür.

4H

Raus für einen Tag

Man muss nicht das Land verlassen, um neue Welten zu entdecken. Einfach mal einen Tag lang raus aus dem Alltagsallerlei und rein in die Natur.

12H

Ferien für ein Wochenende

Warum auf die große Auszeit warten, wenn man einen Wochenendtrip in der Nähe machen kann? Vergnügen, Abenteuer und Wohlgefühl kompakt und intensiv.

36H

LIEBE LESERIN, LIEBER LESER,

Würzburgs Landschaft ist unglaublich abwechslungsreich: Weinberge, Wälder und der Main. Wem das nicht reicht, der findet außerhalb des Würzburger Talkessels ein Paradies für Outdoorfans: die herrliche Natur Unterfrankens, des Spessarts und des Steigerwalds.

Ob Naturerlebnis pur oder in Kombination mit Kultur, die Möglichkeiten rund um Würzburg sind so vielfältig, dass die Eskapaden nur einen groben Überblick und besondere Highlights liefern können – etwa das Wandern mit stolzen Lamas, das Naschen leckerer Macarons in Sommerhausen oder ein Sonnenaufgang im kuscheligen Bett eines Weinfasses.

Viele wunderbare Eskapaden in und um Würzburg wünscht Ihnen, dir und euch

PS: Informationen zum GPX-Download gibt's auf Seite 224.

AUSZEIT.
ABENTEUER.
LEBENSFREUDE.

1. KAPITEL ABSTECHER

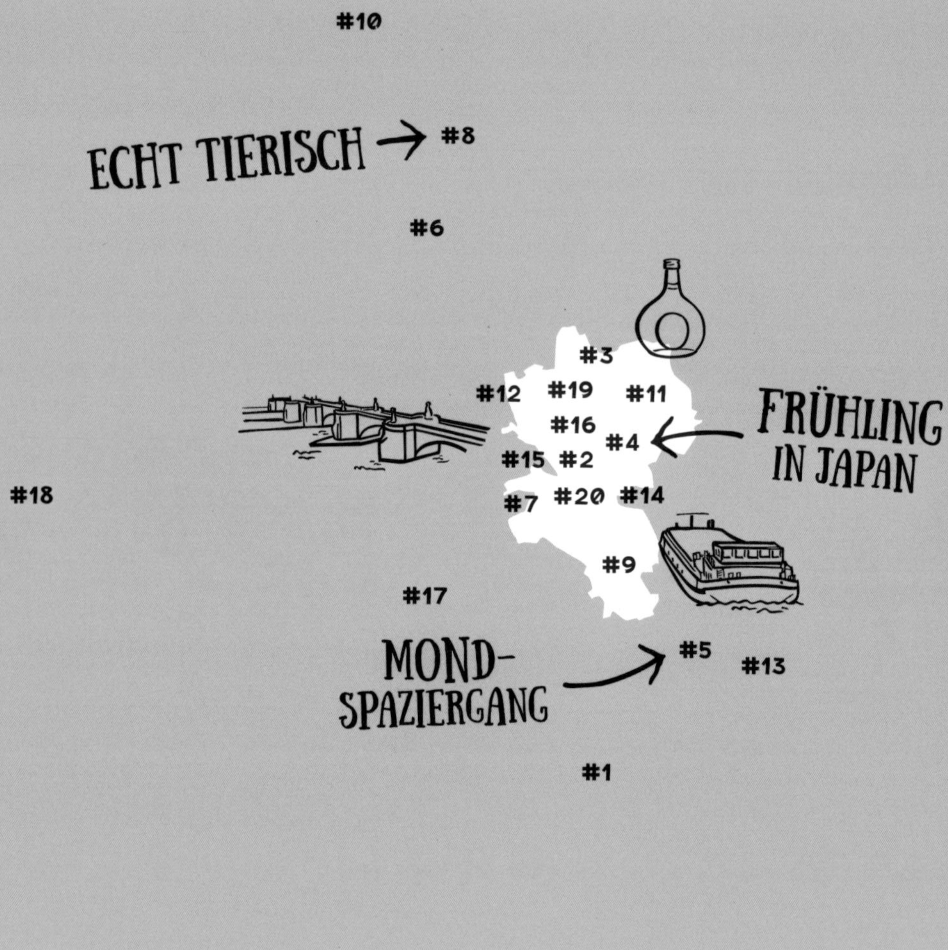

Nur ein paar Stündchen

Würzburgs Street-Art entdecken, Vögeln am Zeubelrieder Moor lauschen, heimische Orchideen aufstöbern – so abwechslungsreich kann eine Auszeit vor der Haustür sein.

4H

ADEL AUF ABWEGEN

... rund um Giebelstadt

#1

Ein Adliger, der sich auf die Seite der Bauern schlug: Florian Geyer hat sich einen eigenen Wanderweg verdient. Dieser führt vorbei an historischen Gebäuden, Schlössern und einer Biberburg. Biber? Ja, der tierische Architekt schuf heimlich ein weiteres sehenswertes Bauwerk.

#Kulturwanderung #SchlösserundBurgen #GeyerundBiber

Historische Gebäude und unglaubliche fünf Schlösser drängen sich auf den wenigen Kilometern zwischen Giebelstadt, Sulzdorf und Ingolstadt aneinander. Vom prächtigen Schloss über eine dramatische Ruine bis hin zu kaum erkennbaren Überresten ist auf dem zehn Kilometer langen Kulturweg »Weiß der Geyer« alles vertreten. Sie sind die Kulisse am Wegrand, die Florian Geyers Geschichte greifbar machen und veranschaulichen.

Seine Herkunft aus einer wohlhabenden Familie hätte Florian Geyer ein unbeschwertes Leben ermöglicht. Doch seine Überzeugungen führten ihn in den Bauernkrieg des 16. Jahrhunderts, in dem er als Adliger an der Seite der Bauern gegen die Privilegien seines eigenen Standes und der Kirche kämpfte. Vor allem in der Region rund um Giebelstadt ist Florian Geyer auch heute noch bekannt.

Der nach ihm benannte Wanderweg beginnt auf dem Parkplatz hinter dem imposanten Friesenhäuser Schloss, in dem sich heute das Rathaus von Giebelstadt befindet. Direkt am Parkplatz steht das wunderschöne Zobelschloss, ein prachtvoller Renaissancebau, der von den Freiherren Zobel erbaut wurde.

Die kleinen Dörfer am Wegrand beherbergen Kleinode aus einer längst vergangenen Zeit. Manchmal braucht es einen heimlichen Blick über eine wilde Hecke, um sie zu entdecken.

Der Weg führt durch die Gassen zur Ruine des Giebelstädter Geyerschlosses. Nachdem das Geschlecht der Geyer im 18. Jahrhundert schließlich ausgestorben war, ging das Schloss durch unterschiedliche Hände. Doch letztendlich verfiel es. Heute dient es den sehr sehenswerten Geyer-Festspielen als authentische Freilichtbühne – ein Muss im Sommer.

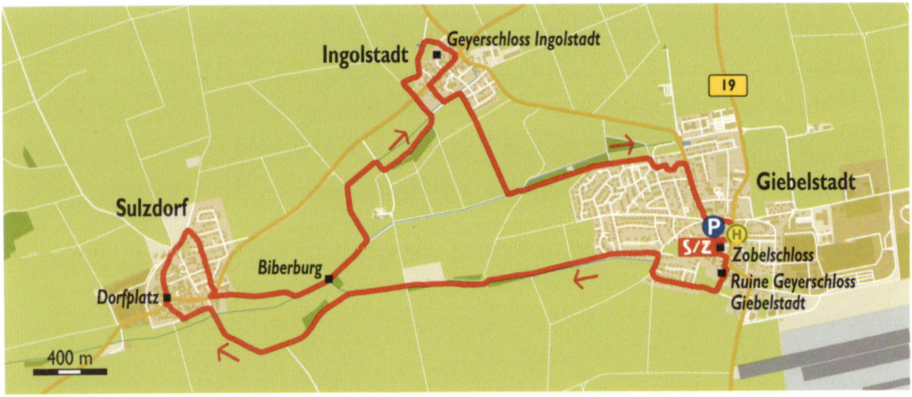

Die ersten Boten des Frühlings recken sich mutig in Richtung Sonne. In Sulzdorf buhlen die Figuren am Brunnen um Blicke.

Entlang der Felder und des plätschernden Baches spaziert man bis nach Sulzdorf, dessen Dorfplatz eine äußerst hübsche Brunnenanlage schmückt. Nach einer Runde durch das Dorf biegt man in Richtung Ingolstadt ab und kann schon nach wenigen Hundert Metern den Herrschaftssitz eines Neuankömmlings bestaunen: Ein Biber hat seine ganz eigene Interpretation eines Wasserschlosses am Sulzdorfer Bach errichtet. Dabei erwies er sich als wirklich tüchtiger Landschaftsarchitekt, der dank seines selbst gestalteten Dammes einen großzügigen See um sein Domizil entstehen ließ.

Die nächste Burg hingegen ist nur noch ein Fall für die Geschichtsbücher: Sie wurde nach ihrer Zerstörung im Bauernkrieg durch die Kautzenmühle ersetzt. Dafür erwartet Wanderer wenige Gehminuten später schon das hübsche Geyerschloss Ingolstadt, das mit seinem mit Moos bewachsenen Dach und dem von einer wilden Hecke umwucherten Garten eine hervorragende Filmkulisse abgeben würde. Unweit des Schlosses befindet sich der Schauplatz der Entscheidungsschlacht im Bauernkrieg, in der das Bauernheer eine bittere Niederlage hinnehmen musste. Florian Geyer war zu dem Zeitpunkt in diplomatischer Mission unterwegs, wenig später wurde er Opfer eines Raubmords. Aber seine Geschichte lebt weiter. Und so führt der Weg wieder zurück nach Giebelstadt, wo man im Rahmen der Festspiele alljährlich an Florian Geyer erinnert.

FAZIT: EINE LEICHTE WANDERUNG FÜR KULTURINTERESSIERTE, ABER AUCH FÜR FREUNDE VON MÄRCHENSCHLÖSSERN UND HERRENHÄUSERN.

Hin & weg: Mit dem Bus ab Würzburg Busbahnhof bis Haltestelle von-Zobel-Schloss in Giebelstadt. Mit dem Auto kann man den Parkplatz hinter dem Rathaus nutzen.

Dauer & Strecke: 2,5–3 Std., 10 km.

Beste Zeit: Ganzjährig bei trockenem Wetter, da die vereinzelten Feldwege bei Regen ziemlich matschig werden können.

Ausrüstung: Ans Wetter angepasste Kleidung und feste Schuhe, Geld für die Einkehr im Gasthof Lutz (www.gasthoflutz.de).

→ ABSTECHER ...

DIE LICHTER DER STADT

... nachts am Nikolausberg

#2

Tausende Fenster erstrahlen in der Dunkelheit, die Autos auf den Straßen ziehen Lichtspuren, und das Rathaus gleicht einem Leuchtturm in diesem Kaleidoskop schimmernder Punkte und Linien: Es ist ein faszinierendes Schauspiel, wenn Würzburg sich sein funkelndes Nachtgewand überwirft.

#Sundowntour #blaueStunde #Nikolausberg

Wenn die Sonne langsam auf den Horizont zusteuert und sich ihr rotes Licht über die Stadt legt, beginnt die magische Zeit der funkelnden Lichter. Auch wenn man sich auf Höhe des Mains befindet, hat der Sonnenuntergang seinen Reiz. Dann ist man mittendrin, wenn die Stadt aus ihrem Inneren zu leuchten beginnt und man mit dem Einsetzen der Nacht von Lichtkegel zu Lichtkegel spazieren kann. Am spannendsten aber ist das Schauspiel in der Höhe, wenn sich die ganze Pracht der leuchtenden Stadt unter ihren faszinierten Beobachtern ausbreitet.

Würzburgs Kessellage bietet zahllose Möglichkeiten, um das Lichtspiel von oben zu beobachten. Aber keine Aussicht kann sich mit dem Blick vom Nikolausberg messen: Die hell erleuchtete Festung Marienberg thront auf

In der kalten Jahreszeit kann man bei einem Heißgetränk, das bei eisigen Temperaturen angenehm wärmt, oder auch bei einem guten Frankenwein ganz entspannt den Sonnenuntergang über den Turmspitzen von Würzburgs Altstadt beobachten.

dem gegenüberliegenden Schlossberg, während die funkelnde Altstadt hingebungsvoll zu ihren Füßen liegt.

Um den Blick genießen zu können, muss man zunächst den Würzburger Kessel verlassen. An der Straßenbahnhaltestelle Steinbachtal erklimmt man die Stufen des versteckt liegenden Betwegs. Weiter geht es auf der steilen Straße, sodass die Höhenmeter bis zum Aussichtspunkt schnell überwunden sind. Beinahe den gesamten Weg nach oben behindern Häuser oder Büsche den Blick auf die Stadt. Nach den letzten anstrengenden Stufen überrascht die plötzliche Weitsicht über den Stadtteil Sanderau und das dahinter liegende Frauenland umso mehr.

Am Weinberg entlang und am Schützenhof vorbei erreicht man schließlich einen Aussichtspunkt, jedoch erlaubt der aufgrund der hohen Bäume nur eine eingeschränkte Sicht auf die Stadt. Der Außenbereich des Restaurants Nikolaushof ist ohnehin einladender. Hier lässt sich bei einem Glas Wein entspannt beobachten, wie die Lichter der Stadt nach und nach erwachen. Alternativ kann man das Schauspiel auch vom Käppele aus beobachten, das nur wenige Meter entfernt liegt.

Wenn das letzte Licht der Sonne hinter dem Horizont verschwunden ist, erscheinen ein paar einzelne blasse Sterne am Himmel, die tapfer gegen die hell erleuchtete Stadt dort unten anstrahlen.

Der Weg zurück ins Tal führt über den Stationsweg des Käppele mit seinen fünf Ebenen und 256 Stufen. Zu Beginn liegt die beleuchtete Festung Marienberg fast auf derselben Höhe, und Würzburg breitet sich unterhalb des Schlossbergs aus. Mit jeder Ebene des Stationswegs verändert sich die Perspektive, bis man wie gewohnt zur Festung Marienberg aufblicken muss.

Tipp: Wen der Aufstieg und das Spiel der Lichter hungrig gemacht haben, der kehrt im Nikolaushof ein (www.nikolaushof.com).

Hin & weg: Mit den Straßenbahnlinien 3 oder 5 bis Haltestelle Steinbachtal, zurück ab Haltestelle Löwenbrücke.

Dauer & Strecke: Für die 2 km benötigt man zu Fuß ca. 45 Min., man sollte sich aber Zeit nehmen, um die Lichter der Stadt zu beobachten.

Beste Zeit: Im zeitigen Frühjahr kann man den frühen Sonnenuntergang gut mit einer Einkehr kombinieren. Ansonsten sollte man spätestens 20 Min. vor Sonnenuntergang loslaufen. Achtung: Bei Glatteis wird die Strecke kaum gestreut.

Ausrüstung: Warme Kleidung, Taschen- oder Stirnlampe für den unbeleuchteten Stationsweg, evtl. Kamera und Stativ.

FAZIT: DIE BESTE AUSSICHT ÜBER DIE NÄCHTLICHE WÜRZBURGER ALTSTADT UND DIE ERLEUCHTETE FESTUNG MARIENBERG.

BESTE LAGE

... Spaziergang auf dem Stein-Wein-Pfad

#3

Wenn das Wetter sich nicht entscheiden kann zwischen Winter und Frühling, und man ratlos zwischen Winter- und Übergangsjacke schwankt, ist ein Abstecher auf den Stein-Wein-Pfad die beste Wahl. Auf kurzer Strecke wird dem Wanderer viel geboten: Panorama, Kultur und Wein.

#Weinberg #Aussicht #FrühlingsErwachen #GoetheundWein

Besucht man im März den Weinberg am Würzburger Stein, spürt man das erste zaghafte Erwachen der Natur nach all den langen Wintermonaten. Jedoch sind es nicht die Weinreben, die sich der wärmenden Sonne entgegenstrecken, sondern vor allem die vielen Rosenstöcke am Wegrand, die ihre ersten zarten Blättchen zeigen. Noch schlummern die Weinstöcke im Winterschlaf. Sie werden erst dann unsanft daraus geweckt werden, wenn an einem feucht-diesigen Tag plötzlich ein tüchtiger Weinbauer an ihren Ruten zieht, um sie für ein kräftiges Wachstum an einem gespannten Draht zu fixieren.

Der Weinberg liegt friedlich da, Wolken und Sonnenfelder jagen abwechselnd über eine der berühmtesten Weinlagen Deutschlands.

Am Weingut am Stein beginnt der Rundweg, der am Stein-Wein-Pfad entlangführt. Am Fuß des Weinbergs steigt der Weg sanft an, die wellenförmige Wegmarkierung führt an zahlreichen Infotafeln vorbei.

Vom herrlichen Aussichtspunkt des Terroir F Würzburg kann man die Stadt weit überblicken. Versteckt hinter Bäumen liegt der mächtige Bismarckturm mit seiner großen Feuerschale.

Mit zunehmender Höhe wird der Blick über den Talkessel und die sich darin ausbreitende Stadt immer spektakulärer. Es lohnt sich, immer wieder ein paar Minuten stehen zu bleiben und den imposanten Ausblick zu genießen. Vor allem die Altstadt mit ihren zahlreichen Kirchtürmen und der prachtvollen Würzburger Residenz sticht heraus. Außerdem kann man in der Ferne gleich drei Brücken erkennen: die Brücke der Deutschen Einheit, die Friedensbrücke und im Hintergrund die Alte Mainbrücke mit ihren Heiligenfiguren.

Wie Lebensadern verbinden die Brücken der Stadt die beiden Mainufer vor der Kulisse der turmreichen Altstadt.

Am westlichsten Punkt des Weges lädt ein Pavillon zu einer kleinen, aussichtsreichen Pause ein. Anschließend passiert man das Schlosshotel Steinburg und erreicht den altfränkischen Weinberg Tusculum. Bei der Flurbereinigung in den 1960er-Jahren blieb er unberührt und zeigt bis heute, wie man den Wein früher an senkrechten Pfählen aufzog.

Ein Stück weiter lohnt es sich, den Stein-Wein-Pfad zu verlassen und in das Bismarckwäldchen abzubiegen. Über weichen Waldboden und geschotterte Teilstücke erreicht man den Bismarckturm, der eindrucksvoll über der Stadt thront. Das ursprünglich als Feuerturm geplante Bauwerk ist leider marode und daher nicht mehr zugänglich. Aber auch die Fassade und seine große Feuerschale sind sehr imposante Erscheinungen.

Zum Abschluss der Wanderung lädt der Aussichtspunkt des Terroir F Würzburg zu einem letzten Blick über die Stadt ein. Als Terroir F werden besondere Orte des fränkischen Weinbaus bezeichnet. Am Würzburger Stein soll am Literaturbalkon die Verbindung von Wein und Literatur deutlich werden. Goethe brachte den Zauber dieses Weinbergs auf den Punkt: »Kein anderer Wein will mir schmecken und ich bin verdrießlich, wenn mir mein Lieblingsgetränk abgeht.«

Tipp: Warum nicht im Anschluss an die Tour direkt überprüfen, ob man Goethes Meinung teilt: im Restaurant Reisers am Stein (www.der-reiser.de) oder in Steinburgs Restaurant bzw. der Schlossbar (www.steinburg.com).

Hin & weg: Mit dem Auto am Weingut am Stein parken (alternativ: am Schlosshotel Steinburg) oder vom Bahnhof aus zu Fuß entlang der Bismarckstraße, weiter über die Rotkreuzstraße und den Stufen bis zum Weingut folgen.

Dauer & Strecke: 1,5 Std. für die 4,5 km lange Strecke.

Beste Zeit: Wer den Weinberg beim langsamen Erwachen beobachten möchte, sollte hier zwischen März und April wandern.

Ausrüstung: Wettergemäße Kleidung, ggf. ein Regenschirm und ausreichend Geld für eine Einkehr in der gehobenen Preisklasse.

FAZIT: KURZE WANDERUNG MIT WEINGENUSS FÜR KÜHLE UND WECHSELHAFTE WETTERBEDINGUNGEN.

Farbe tanken

… der Ringpark und die alte Gartenschau

#4

Gute Nachricht für alle Farbjunkies: Der graue Winter ist vorbei, und der monatelange Entzug hat ein Ende. Endlich kehren bunte Tupfer in die farblos gewordene Landschaft zurück, und man kann draußen pure Lebensfreude tanken. Die volle Dosis gibt es im Ringpark und in der alten Landesgartenschau.

#Frühlingslust #Flowerlover #Farbrausch

Die Magnolienbäume am Rosengarten locken Besucher aller Art an. Die Auswahl an Blüten ist so groß, dass manch ein Insekt mal eine Pause braucht.

Nach Wochen – ja Monaten – des grauen, öden Winters tauchen endlich die ersten zarten Tupfer auf. Erst zaghaft, dann scheint plötzlich ein Farbtopf in der Landschaft explodiert zu sein. Für alle, die dringend ihre Farbbatterien aufladen müssen, ist ein Spaziergang durch den Würzburger Ringpark und dessen Verlängerung auf der anderen Mainseite, dem Gelände der Landesgartenschau von 1990, genau das Richtige.

Los geht's am Sanderring. Schon auf den ersten Metern im Sanderglacis strahlen die Pflanzen am Ruschkewitzbrunnen. Hier plätschert zwar noch kein Wasser, dafür leuchtet rundherum ein Ring aus kleinen blauen und lilafarbenen Stiefmütterchen. Welchem der parallel verlaufenden und sich gelegentlich kreuzenden Wege man durch den Ringpark folgt, ist nicht wichtig. In einer weiten Rechtskurve an der Mauer des Hofgartens liegt Klein-Nizza. Schon aus der Ferne kann man einige blühende Bäume, den Teich mit den Entenhäuschen und die bunten Blumenbeete sehen.

Auf dem Weg zum Rennweger Glacis passiert man die ersten strahlend gelben Osterglocken. Wer will, macht einen Umweg in Richtung Husarenwäldchen. Hier tauchen die Blausterne von Ende März bis Mitte April einen großen Teil der Grünfläche in einen satten Azurton. Auch am Pleicherglacis leuchten Osterglocken, und Enten planschen am Ufer des Sees.

Auf der anderen Seite der Friedensbrücke markiert die teils eingewachsene Pyramide den alten Eingang der Landesgartenschau von 1990. Heute ist das Gelände eine öffentliche Parkanlage und begeistert nach wie vor seine Besucher. Entlang der vielen kleinen Themengärten erreicht man den stilvoll angelegten Japanischen Garten und den Rosengarten.

Vorbei an blühenden Bäumen wandelt man über die Brücken des Japanischen Gartens. Am Rennweger Glacis leuchtet im Frühjahr ein weiter Teppich aus Blausternen.

Neben diversen Büschen und Bäumen fallen hier vor allem die blühenden Magnolien auf.

Eine schmale Treppe führt hoch zur Festung Marienberg. Nur durch den tiefen Burggraben getrennt, läuft man an dem Wahrzeichen Würzburgs entlang und kann die Aussicht genießen. Nun geht es wieder hinunter in die Kleingartenanlage mit ihren gepflegten bunten Blumenbeeten. Mit Abstechern zum Mwanza-Garten und dem Schottischen Garten schlängelt man sich durch die Anlage. Jeder Garten ist einzigartig: Man sollte sich Zeit nehmen, die vielen Details zu bewundern.

Zurück am Japanischen Garten führt der Weg zwischen zwei hohen Wällen der Festungsanlage hindurch und endet an einem Aussichtspunkt über die Würzburger Altstadt. Eine Treppe führt hinunter zur Alten Mainbrücke und von dort vielleicht in ein schönes Café, um die farbenfrohen Eindrücke bei einem Tässchen Kaffee Revue passieren zu lassen.

Hin & weg: Sowohl den Sanderring als auch die Alte Mainbrücke erreicht man leicht mit den Straßenbahnlinien 1, 3, 4 oder 5.

Dauer & Strecke: Für die 7 km sollte man mind. 2 Std. einplanen.

Beste Zeit: Mitte März bis Mitte April, wenn alles zu blühen beginnt.

Ausrüstung: Bequeme Kleidung für kühle Temperaturen, Geld für einen Kaffee mit toller Aussicht, z. B. im Ufer (www.facebook.com/UFER.wue).

FAZIT: FARBENFROHER SPAZIERGANG FÜR ALLE, DIE SICH NACH FRÜHLING, BLUMEN UND BUNTEN FARBEN SEHNEN.

MOONWALK

... in Winterhausen

#5

Zwischen Obstbäumen, Feldern und Weinbergen wandern und den Weitblick über das Maintal genießen. Während die Sonne vom Himmel lacht, wartet am Wegrand rund um Winterhausen der Mond und begrüßt die tüchtigen Wanderer.

#Mondsüchtig #Skulpturen #Kulturlandschaft

Kunstvolle Mondskulpturen aus Muschelkalk begleiten den Wanderer auf seinem Weg durch kleine Wäldchen, weite Weinberge und alte Streuobstwiesen.

Die Wanderung führt zunächst aus Winterhausen hinaus: in Richtung der Streuobstwiesen, die sich über den leicht ansteigenden Hang verteilen. Zwischen den Bäumen hindurch erhascht man immer wieder einen schönen Blick

über den Main bis nach Sommerhausen, bevor die ersten Bäume eines kleinen Waldstücks die Sicht versperren.

Nach einem weiten Bogen führt der Weg über eine Wiese, auf der vereinzelte Bäume und Büsche stehen. Wenn diese im Mai blühen, erfüllt das laute Brummen unzähliger metallisch grüner Rosenkäfer die Luft. Ein Stück weiter wartet ein Picknickplatz. Hier lässt sich eine kleine Pause einlegen und der weite Blick über die Weinberge genießen.

Anschließend geht es wieder hinunter nach Winterhausen. Nach einem Haus folgt man der Biegung und einem zunächst eher unscheinbaren Wanderweg. Direkt an der Abzweigung steht die Skulptur Porta Luna – das Mondtor. Sie markiert den Beginn des Mondwegs, auf dem seit 2005 zwölf Skulpturen begabter Freizeitbildhauer zu sehen sind. Der Mond im Wappen von Winterhausen stand Pate bei der Themen- und Namensfindung.

Der Pfad führt an einem Graben entlang, bevor an der nächsten Kurve der Mann im Mond wartet. Langsam steigt der Weg wieder an, vorbei an Reihen mit Obstbäumen und Weinstöcken. Während viele Bäume bereits verblüht sind, explodieren die Weinstöcke nun beinahe vor Energie. Überall sprießen die Blätter – in einem solchen Tempo, dass man ihnen beim Wachsen förmlich zusehen kann.

An der nächsten Kreuzung trifft man auf die Mondguckerin. Vorausgesetzt, es ist nicht gerade Vollmond: Angeblich verlässt sie dann ihren Platz für einige Stunden. Weiter geht's am Waldrand entlang. Am Himmel zieht ein Greifvogel ruhig seine Bahnen und verschwindet dann hinter den Bäumen. Schmetterlinge tanzen durch die Luft. Schließlich erreicht man die Träumerin. Zwischen Feldern und Weinbergen dem Pfad folgen und dann kommt man zur Mondin, die sich über dem Weg erhebt. Es lohnt sich, einen kurzen Abstecher zum Aussichtspunkt zu machen, der einen schönen Ausblick nach Gossmannsdorf und auf die gegenüberliegenden Weinberge bietet.

Hin & weg: Mit dem Zug ab Würzburg Hauptbahnhof bis Winterhausen oder mit dem Auto von Würzburg in Richtung Winterhausen. An der Kreuzung Fuchsstadter Straße rechts abbiegen und auf dem Parkplatz vor der Unterführung parken.

Dauer & Strecke: Für die 9 km lange Strecke sollte man ca. 3 Std. einplanen.

Beste Zeit: Das Frühjahr ist eine schöne Zeit, um Obstbäumen, Weinstöcken und Feldern beim Blühen zuzusehen.

Ausrüstung: Feste Schuhe und wettergemäße Kleidung.

Nun geht es zurück nach Winterhausen. Nach der Skulptur Moon River schlängelt sich der Weg durch den Wald. Wenn man die ersten Häuser erreicht, singt die Mondsch(t)einserenade dem Wanderer ein stilles Abschiedslied.

Tipp: Nach der Wanderung hat man sich eine Stärkung verdient. Bei schönem Wetter am Endpunkt der Tour der Straße in Richtung Main folgen und über ein paar Stufen auf den Weg wechseln, der rechts unterhalb der Brücke entlangführt. An seinem Ende ist Stöcklein's Biergarten nicht mehr zu verfehlen (www.stoeckleins-wirtshaus.de).

FAZIT: VIELFÄLTIGE KULTURLANDSCHAFT, AUSSICHTSPUNKTE UND KUNST – AUF DIESER TOUR WIRD NIEMANDEM LANGWEILIG.

FLOWER-POWER

... Blütenzauber in Thüngersheim

#6

Exotische Orchideen gehören zu den beliebtesten Zimmerpflanzen. Durch die allgegenwärtigen asiatischen Orchideen vergisst man oft, dass es auch zahlreiche heimische, jedoch stark bedrohte Arten gibt. Einige lassen sich bei einer Wanderung zur Höhfeldplatte nahe Thüngersheim entdecken.

#NaturschutzgebietHöhfeldplatte #Orchideen #Blütenzauber

Wer heimische Orchideen finden will, sollte an einem Ort mit dem richtigen Boden suchen. Vielversprechend sind zum Beispiel Flächen mit Trocken- oder Magerrasen. Obwohl es in heißen Sommern manchmal so scheinen mag:

Beide findet man in der Regel nicht im eigenen Garten. Gute Chancen hat man hingegen im Naturschutzgebiet Höhfeldplatte oberhalb von Thüngersheim.

Der Weg führt zunächst in Richtung der Weinberge. Neben den Weinstöcken säumen auch unterschiedliche Blumen und Kräuter den Weg: lilafarbener Salbei, gelbe und blaue Schwertlilien und viele mehr. An den Weinstöcken kann man schon die ersten kleinen Trauben erkennen, die in einigen Monaten den Weg in einen typisch fränkischen Bocksbeutel finden werden.

Hat man den Weinberg durchquert, folgt man den sich bergaufwärts schlängelnden Serpentinen bis zum Naturschutzgebiet Höhfeldplatte und Scharlachberg. Unterwegs laden immer wieder klug positionierte Bänke zu einer Rast ein. Dort kann man die Aussicht über den Weinberg bis hinunter zum Main genießen oder mit etwas Glück einen seltenen Segelfalter beobachten.

Eine Schranke markiert den Eingang zum nördlichen Teil des Schutzgebiets, der Höhfeldplatte. Nachdem man das Gelände betreten hat, empfiehlt es sich, die artenreichen Trockenrasenflächen mit dem lichten Kiefernwald auf eigene Faust zu erkunden.

Infotafeln am Weg verraten, welche Orchideenart zu welcher Zeit blüht. Dann heißt es aufmerksam den Boden absuchen. Manche Orchideen sind recht unscheinbar, etwa die verschiedenen Ragwurzarten, die hier vorkommen. Andere wiederum sind nur schwer zu übersehen, darunter die groß gewachsene Bocksriemenzunge. Aber auch Knabenkraut, Waldhyazinthen und Waldvöglein kann man in dieser Gegend finden.

Wie in einem Schutzgebiet üblich, darf man die gut markierten Wege nicht verlassen. Doch das ist wegen der Vielzahl an unterschiedlichen Orchideen am Wegrand auch gar nicht notwendig.

Wenn das Gelände erfolgreich durchforstet ist, führt der Pfad am Parkplatz vorbei auf einen breiten Waldweg. Schon nach wenigen Augenblicken wird die Ruhe des Waldes körperlich spürbar. Einfach einen Moment stehen bleiben, die Augen schließen und dem Wald lauschen. Ein Mäuschen huscht raschelnd durch die trockenen Blätter, ein Kuckuck lässt seinen markanten Ruf erklingen: Je länger man lauscht, umso mehr Leben nimmt man um sich herum wahr.

Ein Pfad zweigt vom Hauptweg ab, er führt auf dem Etzburg-Trail am Waldrand entlang in Richtung Tal. Neben dem Weg wächst rosa blühender Diptam, mit dem man wegen möglicher Hautreizungen näheren Kontakt vermeiden sollte. Nach einer Kurve nimmt das Gefälle des Pfades über eine kurze Passage hinweg zu. Nicht ins Rutschen kommen!

Entlang der Felder geht es zurück nach Thüngersheim. Den Ausflug bei einem Stück Torte im Café der Landbäckerei Weber beenden.

FAZIT: EINE BOTANISCHE WANDERUNG FÜR ORCHIDEENFREUNDE UND FANS VON HEIMISCHEN ARTEN.

Hin & weg: Mit dem Zug ab Würzburg bis Thüngersheim oder mit dem Auto am Parkplatz des Bahnhofs parken.

Dauer & Strecke: Die Tour ist 7,5 km lang und dauert mit Orchideensuche ca. 2,5 Std.

Beste Zeit: Zwischen April und Juli blühen verschiedene Orchideenarten, bis weit in den Sommer hinein kann man auch Schmetterlinge beobachten.

Ausrüstung: Feste Wanderschuhe (für den Etzburg-Trail), wettergerechte Kleidung und Wasser.

GRÄBEN UND HÜGEL

... an der Annaschlucht

#7

Schluchten und Gräben in Würzburg? Ja! Sie sind zwar deutlich kleiner als in den Bergen, aber deswegen nicht weniger sehenswert. Die wildromantische Annaschlucht ist der Startpunkt einer Tour entlang unbekannter Wege hin zu kleinen Würzburger Naturwundern.

#SchluchtenundGräben #Waldliebe #StadtrandAbenteuer

Ein Erlebnis für die Sinne: die aromatisch duftenden Bärlauchfelder im Göckersgraben.

Recht unscheinbar beginnt der Weg neben der Lukaskirche, doch schon nach wenigen Metern wird der Trampelpfad breiter. Die wenigen Meter reichen aus, und man findet sich plötzlich in einer ganz anderen Welt wieder: Mit jedem Schritt wachsen die Wände in die Höhe, die Zivilisation ist nur noch an den wenigen alten Häusern am oberen Rand der Schlucht zu erkennen, und hohe Bäume überspannen den Weg, sodass es merklich dunkler wird.

Staunend betritt man die Schlucht. Eine kleine Brücke führt zu einer Treppe. Ihr Alter ist ihr anzusehen, und der Efeu hat bereits zu einer Eroberung der Stufen angesetzt.

Schritt für Schritt steigt man etliche Stufen hinauf. Hin und wieder werden sie jedoch von flacheren Passagen unterbrochen. Im Blätterdach hoch über unseren Köpfen sorgt das Durcheinander verschiedener Vogelstimmen für Begleitmusik, und mit ein wenig Glück kann man Rehe sehen, die wagemutig die steilen Hänge entlangspringen.

Der Aufstieg ist anstrengend. Zum Glück zwingt uns die Kulisse der etwa 600 Meter langen Schlucht immer wieder eine Pause auf. Während man den Blick über dieses Naturwunder schweifen lässt, kommt man langsam wieder zu Atem.

Ein Gedenkstein erinnert an Valentin Fischer, der die Umgestaltung dieser unzugänglichen Schlucht organisierte und nach seiner verstorbenen Tochter benannte. Kurz darauf erreicht man eine schmale Straße, der man durch ein uriges Wohngebiet folgt. Obwohl wir Würzburg nicht verlassen haben, scheint sich die Stadt in weiter Ferne zu befinden.

Bevor sich der Weg schließlich in den Feldern verliert, biegt man in den Guggelesgraben ein. Schnell schließt sich wieder das Blätterdach, doch im Gegensatz zur Annaschlucht läuft man diesmal oberhalb des Grabens entlang. Beim Blick nach unten ist Vorsicht geboten, da der Hang nur selten gesichert ist.

Man nimmt die Abzweigung in eine Straße, die Häuser gehen schnell wieder in Schrebergärten und dann Felder über. An einer Streuobstwiese vorbei und man erreicht ein Feld, durch das ein deutlicher Trampelpfad führt, der in einem kleinen Wohngebiet endet. Zunächst sieht man

Stadtnah und doch in einer anderen Welt: Das Wohngebiet des Hinteren Steinbachtals kann man nur dank der Mauern und Garagen erahnen. Die Häuser sind meist verborgen im Wald.

kaum Häuser, nur einige alte Garagen und Auffahrten, die ins Nichts zu führen scheinen.

Nun geht es hinein in den Wald. Die Blätter der hohen Bäume rauschen leicht im Wind, während man erst dem breiten Hauptweg, dann einem Pfad folgt. Schließlich ist der Göckersgraben erreicht, der einen tiefen Schnitt in die Landschaft setzt. An den Hängen wachsen große Bärlauchfelder, und bis in den Mai trägt jeder Windhauch eine aromatische Knoblauchwolke mit sich. Schließlich kommt man wieder an eine Straße und folgt dem parallel verlaufenden Pfad bis zum ursprünglichen Startpunkt.

Tipp: Nach so viel Bergauf und Bergab hat man sich eine Stärkung im Steinbachtalbäck verdient (www.steinbachtalbaeck.de).

Hin & weg: Mit der Straßenbahnlinie 3 oder 5 bis Steinbachtal und mit dem Bus der Linie 8 weiter in Richtung Hinteres Steinbachtal bis Annaschlucht. Mit dem Auto kann man direkt vor der Schlucht parken.

Dauer & Strecke: Für die 8,5 km lange Strecke sollte man 3–3,5 Std. einplanen.

Beste Zeit: Von April bis Mitte Juni ist die Landschaft saftig grün und das Getreide beim Durchstreifen des Feldes noch angenehm niedrig.

Ausrüstung: Feste Wanderschuhe, wettergemäße Kleidung, Wasser und ein Snack für unterwegs.

FAZIT: UNERWARTETES BERG-UND-TAL-FEELING INNERHALB DER WÜRZBURGER STADTGRENZEN.

ANDEN-FEELING

… in Retzstadt

#8

Mit ihrem sanften Wesen und den neugierigen Kulleraugen ziehen Lamas jeden in ihren Bann. Sie sind nicht nur das perfekte Rezept gegen Stress und Sorgen, sondern für tierliebe Wanderer auch eine ausgezeichnete Begleitung für ein neues, außergewöhnliches Abenteuer.

#Tierwanderungmalanders #Andenkamele #Entspannungswandern

Für gewöhnlich trifft man Lamas in den weit entfernten südamerikanischen Anden an – oder etwas nahe liegender in Retzstadt bei Würzburg. Mit ihren großen Kulleraugen und dem flauschigen Fell versetzen sie nicht nur Kinder in Verzückung. Auch Erwachsene werden bei dem Anblick eines Lamas schwach, das Menschen stolz und freundlich begegnet. Bei einer gemeinsamen Wanderung kann man die sanftmütigen Wesen besser kennenlernen und sich aus dem hektischen Alltag entführen lassen.

Stößt man zu der Lamaherde, ruhen viele neugierige Augenpaare auf den Neuankömmlingen. Lamas sind eher freundlich distanziert, und dennoch zeichnet sich jedes der Tiere

Stolz und anmutig schreiten die Lamas neben dem Wanderer her, und die Ruhe der sanftmütigen Tiere überträgt sich auf fast magische Weise auf ihren Führer.

durch einen ganz eigenen Charakter aus. Manche sind ruhig und sehr geduldig, während andere wiederum voller jugendlicher Energie sind und diese auch gern beim Wandern demonstrieren. Deshalb ist nicht jedes Lama für jeden Wanderer geeignet. Nur wenn man das Lama mit Ruhe und der nötigen Konsequenz führt, wird es für beide Partner ein entspannter Ausflug in das schöne Retztal.

Die Tour beginnt mit der Wahl des passenden Lamas. In einer Einweisung bekommt man

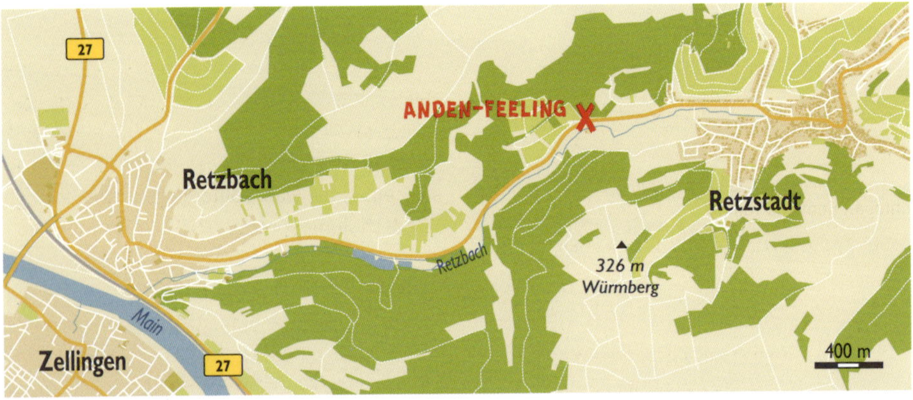

Jede kurze Pause wird von den Lamas sinnvoll genutzt und quasi voll ausgekostet: für einen kleinen Snack vom Grasbuffet.

die richtige Führtechnik erklärt, aber auch viel Wissenswertes zum Verhalten der Tiere – und selbstverständlich wird auch auf die typische Frage jedes Lama-Laien eingegangen: »Spucken Lamas eigentlich?«

Ja, sie spucken. Das ist ihre natürliche Kommunikationsform innerhalb der Herde. Durch entsprechende Erziehung betrachten sie den Menschen jedoch nicht als Herdenmitglied, und wir sind vor Spuckattacken weitgehend sicher. Nur wer die geduldigen Tiere massiv bedrängt, kann eventuell eine kleine Speichelladung abbekommen.

Ist der theoretische Teil abgehandelt, wird es Zeit für die Praxis: Es geht in den Weinberg, den Wald oder die Wiesen entlang des Retzbachs. Wenn sich Mensch und Lama etwas kennengelernt und aufeinander eingestimmt haben, überträgt sich schnell die Ruhe der Tiere auf den Wanderer. Wer bewusst auf die aufmerksamen Lamas eingeht, kann die anmutigen Gesellen ganz intensiv erleben und sich ihr Vertrauen verdienen.

Hin & weg: Von Würzburg kommend, durch Retzstadt in Richtung Retzbach fahren, der erste Hof auf der linken Seite (zwischen beiden Ortschaften) ist das Ziel.

Dauer & Strecke: Die Touren dauern 1–3 Std. bei entspanntem Lauftempo.

Beste Zeit: Ganzjährig, in der grünen Sommerlandschaft aber besonders schön.

Ausrüstung: Feste Schuhe, Geld für die Tour, ausreichend Wasser bei einer längeren Wanderung. Wichtig: Seinen Hund sollte man zu Hause lassen.

Bleibt man einmal kurz stehen, um den Blick entspannt über das grüne Retztal und die Weinberge schweifen zu lassen, ergreift das Lama sofort die ihm gebotene Chance und macht sich gierig über das kulinarische Angebot am Wegrand her. Genüsslich mampft es saftige Grasbüschel, bis es zum Weitergehen aufgefordert wird.

So entspannt ist der Spaziergang in tierischer Begleitung, dass man plötzlich und unerwartet wieder den Hof erreicht hat. Die Zeit vergeht bei dieser tierischen Wanderung viel zu schnell. Aber was sollte gegen eine baldige Wiederholung sprechen?

FAZIT: WANDERN MIT EINEM LAMA BEDEUTET: LOSLAUFEN, LOSLASSEN, WOHLFÜHLEN.

AUF ZU WEIN UND HUND

... in Bromberg-Rosengarten

#9

Was haben Wein und Hund gemeinsam? Beide sind Sortenbezeichnungen für wunderschöne Wildrosenarten, die neben anderen groß und klein gewachsenen Pflanzen im Würzburger Naturschutzgebiet Bromberg-Rosengarten gedeihen.

Im Schutzgebiet tanzen viele farbenfrohe Bläulinge über die saftig grünen Wiesen. Unweit von Eibelstadt kann man den Blick über das Maintal bis Sommer- und Winterhausen schweifen lassen.

1985 wurde es zum ersten Naturschutzgebiet der Stadt Würzburg ernannt, trotzdem kennen es nur wenige Würzburger: das Schutzgebiet Bromberg-Rosengarten. Hinter dem Madrider Ring im Stadtteil Heuchelhof verborgen, schmiegt es sich an den Hang über der Autobahn und steht mit seiner unberührten Natur im Kontrast zur viel befahrenen Verkehrsader.

Sobald der Madrider Ring durchquert ist, stellt man schnell fest, dass sich die A3 trotz ihrer Nähe zum Schutzgebiet dort kaum bemerkbar macht. Wenn man vom Hauptweg auf einen der Pfade wechselt, findet man sich augenblicklich inmitten von summenden Wiesen und Wildrosen wieder.

Kleine Kronwicken- und Zwergbläulinge tanzen über die Wiesen, und ein Chor von zirpenden

Schon kurz hinter den letzten Häuserreihen der Stadt ist man umgeben von jeder Menge Grün und kann ganz unbeschwert loswandern.

Grillen und singenden Vögeln erfüllt die Luft. Große und kleine Büsche aus Wildrosen wachsen auf den Wiesen und ihrer Umgebung. Es sind vor allem Hundsrosen, deren kleine, zart rosafarbene Blüten in der Sonne leuchten. Auch die dunkler gefärbten Weinrosen kann man hier häufig entdecken.

Weiter geht's durch regelrechte Tunnel aus Büschen und Rosen, vorübergehend aus dem Bromberg-Rosengarten hinaus und zur Ostflanke des Hügels. Eine Natursteinmauer begrenzt den Weg auf der einen Seite, auf der anderen lässt sich zwischen den Bäumen hindurch immer wieder ein Blick auf Eibelstadt und den Main erhaschen.

Der Pfad führt ein kurzes Stück an der Autobahn entlang und entfernt sich nach einer Unterführung schnell wieder von ihr. Zwischen den Feldern marschiert man bis zum kreuzenden Radweg, dem man bis zum Stadtteil Heidingsfeld folgt. Im Wind wiegt sich das Getreide hin und her, auf der gegenüberliegenden Mainseite ist der Sonnenstuhlturm des Terroir F Randersacker zu erkennen, der über dem Weinberg aufragt (Eskapade #41).

Am Rand von Heidingsfeld entlanglaufen, bis der Weg wieder zwischen Gärten und kleinen Weinbergen verschwindet. Er führt nun stetig bergauf, schließlich hat man erneut das schöne Naturschutzgebiet Bromberg-Rosengarten erreicht.

Einem Teil des informativen Lehrpfads folgend, geht es an großen und kleinen Wildrosenbüschen vorbei. Ein letztes Mal die verschiedenen Rosenarten bewundern, dann wieder in Richtung Madrider Ring abbiegen.

FAZIT: BROMBERG-ROSENGARTEN IST EIN KLEINOD FÜR FREUNDE WILDER ROSEN UND ARTENREICHER WIESEN.

Hin & weg: Mit der Straßenbahnlinie 5 in Richtung Rottenbauer bis Haltestelle Madrider Ring.

Dauer & Strecke: Für die knapp 8,5 km sollte man sich 2,5–3 Std. Zeit nehmen.

Beste Zeit: Die kurze Blütezeit der Wildrosen erstreckt sich von Mai bis Juni.

Ausrüstung: Feste Schuhe, wettergerechte Kleidung inkl. einer langen Hose zum Schutz vor Dornen, Wasser und ein Snack für unterwegs.

BLUMIGES GIPFELKREUZ

… bei Karlstadt

#10

Das Gipfelkreuz des Kalbensteins ist keines wie jedes andere: Aus der Ferne gleicht das Edelweiß einem hellen Stern. Kletterer und Wanderer zieht es in das Naturschutzgebiet nahe Karlstadt, wo sie ihre Leidenschaft mit der Weitsicht über den Main kombinieren können.

#Mainpanorama #Landschaftsmosaik #Edelweiß

Perfekt für eine Pause: Das Edelweiß markiert einen der schönsten Aussichtspunkte über den Main.

Wer weiß, wo es steht, erkennt sofort den hellen Punkt oberhalb der Kalksteinformationen des Kalbensteins: das Edelweiß. Die Blüte markiert einen sensationellen Aussichtspunkt über das Maintal und auf die artenreiche Flora und Fauna des Naturschutzgebiets Grainberg-Kalbenstein und Saupurzel. Bereits 1941 wurden hier erste Flächen als Schutzgebiet ausgewiesen, 2005 wurde es auf über 300 Hektar erweitert.

Vom Parkplatz in Gambach kommend, durchquert man zunächst ein kurzes Waldstück und findet sich schnell zwischen weiten Feldern und Wäldchen wieder. Am Wegrand strahlen rote Mohnblumen – vielleicht entdeckt man sogar ein ganzes Feld voller farbenfroher Blüten.

In einem weiten Bogen spaziert man an den Feldern und dann am Waldrand entlang. Alle vier Jahre schwirren hier Maikäfer umher. An

Augen auf, wer auch die kleinen Highlights entlang des Weges nicht verpassen möchte.

einer Biegung geht es Richtung Naturschutzgebiet. Man folgt nun einer undurchdringlichen Wand aus Büschen und Sträuchern. Zahlreiche Blumen wachsen am Wegrand, überall summen Bienen und andere Insekten. Dann durchschneidet ein schmaler Pfad das Dickicht, und man betritt schließlich das Schutzgebiet – quasi durch die Hintertür.

Auf dem breiten Wanderweg weiterlaufen. Schon nach wenigen Minuten kann man über den Blumenteppich hinweg die Aussicht genießen: Ein Mosaik aus Feldern, Wäldern und Ortschaften liegt den Wanderern zu Füßen. Unterhalb des Kalbensteins zieht der von Karlstadt kommende Main einen großen Bogen, mit jedem Schritt auf dem Wanderweg weitet sich die Sicht. Immer wieder stehen Bänke oder schattige Sitzgruppen am Hang, die dazu einladen, den schönen Blick über die Landschaft einzufangen. Der breite Wanderweg ist inzwischen einem schmalen Pfad gewichen. Der Hangkante mit ihren Kalksteinformationen folgend, schlängelt sich der Weg durch die Trockenrasenflächen.

Stadt, Land, Fluss: Der Blick vom Kalbenstein verspricht eine herrliche Weitsicht über das Landschaftsmosaik.

Schließlich erreicht man das Edelweiß, das vom Deutschen Alpenverein Würzburg bereits 1924 aus Holz errichtet und 1930 durch Stahlblech ersetzt wurde. Für Wanderer und die Kletterer von der unterhalb liegenden Falteshütte ist es das ersehnte (Etappen-)Ziel. Auch hier laden Bänke zum Verweilen ein, bevor man das nächste Stück der Wanderung in Angriff nimmt.

Hin & weg: An einfachsten ist die Anreise mit dem Auto, Parkplatz am Stadtweg in Gambach.

Dauer & Strecke: Für die ca. 7 km sollte man 2 Std. Gehzeit einplanen.

Beste Zeit: Im Mai und Juni kann man mit etwas Glück Maikäfer sehen.

Ausrüstung: Feste Schuhe und wettergemäße Kleidung, Wasser für unterwegs und ggf. Picknickproviant.

Weiter windet sich der Pfad, bis er in einem Waldstückchen schließlich bergab zur Weinbergskapelle führt. Hier kann man sehr gut sein Picknick im Schatten der Bäume auspacken, oder man geht ein paar Meter weiter zur Winzerhütte, die aber nur an wenigen Tagen geöffnet hat (www.gambacher-kalbenstein.de). Obwohl wir uns mittlerweile schon weit unterhalb des Edelweißes befinden, ist die Aussicht über das Maintal noch immer spektakulär.

Alle, denen es gelingt, sich vom Panorama loszureißen, gelangen über den Waldweg zurück zum Parkplatz.

FAZIT: DIE LANDSCHAFT RUND UM DAS EDELWEIß IST EIN HERRLICHER NATURRAUM MIT SENSATIONELLER AUSSICHT.

NEUE PERSPEKTIVEN

... bei einem Segelflug über Würzburg

#11

Würzburg von oben betrachten: und zwar nicht nur auf Fotos, sondern live aus der Kabine eines scheinbar schwerelosen Segelflugzeugs. Wer sie bisher neidisch am Himmel bestaunt hat, sollte die Perspektive wechseln und bekannte Orte aus einem neuen Blickwinkel bewundern.

#wieeinVogel #Bekanntesneuerleben #Würzburgvonoben

Die Festung Marienberg ist das Wahrzeichen der Stadt Würzburg. Gegenüber der Altstadt ragt sie imposant auf dem gleichnamigen Berg auf. Geradezu ehrfürchtig muss man zu ihr aufblicken, bestenfalls begegnet man ihr mal auf Augenhöhe, wenn man von den Weinbergen zu ihr hinübersieht. Will man die Festung aber einmal aus einer neuen Perspektive in Augenschein nehmen, sollte man sich zum Flugplatz Schenkenturm begeben und dann in ein Segelflugzeug steigen.

Der Flug lässt sich wunderbar mit einer kleinen Radtour verbinden. Am Bahnhof startet man mit dem Fahrrad und fährt über den Stadtteil Grombühl zum Würzburger Stein hinauf. Nun befindet man sich auf etwa gleicher Höhe mit der Festung Marienberg – über die bekannte Weinlage sieht man sie in der Ferne.

Anschließend geht's entlang einer Baumallee nach Unterdürrbach. Der Radweg verläuft parallel zur Straße durch das reizvolle Tal.

Auf Augenhöhe mit einem Wahrzeichen der Stadt. Während des Fluges mit dem Segler helfen bekannte Landmarken wie die Festung Marienberg bei der Orientierung.

Jetzt braucht es viel Muskelkraft oder sogar Akkupower, um den steilen Bergabschnitt zu überwinden. Anschließend führt der Weg fast eben durch den Wald, kurz vor dem Ziel geht er bergauf und bergab wieder aus ihm heraus.

Der Flugplatz Schenkenfeld wird vom Flugsportclub Würzburg betrieben. Als Nichtmitglied kann man bei Interesse einen ersten Schnupper-Segelflug über die Stadt Würzburg buchen (www.fscw.de).

Bitte einsteigen und die Würzburger Residenz oder auch weiter entfernte Orte wie den Rokokogarten in Veitshöchheim aus einer neuen Perspektive erleben.

Nach der Begrüßung durch den Piloten folgt die theoretische Unterweisung zu Flugzeug und Sicherheit. Die Instrumente erscheinen auch nach der Erklärung noch rätselhaft, umso beruhigender ist das Wissen, dass vorn ein Profi Platz nimmt. Mit der Ehrfurcht eines Ahnungslosen schnallt man sich an, und es geht los. Ein Schleppflugzeug bringt das Segelflugzeug auf etwa 600 Meter Höhe, dann schraubt sich das leichte Fluggerät durch die Thermik weiter nach oben. Mit jedem Höhenmeter wird die Welt kleiner und der Weitblick größer. Die Aussicht auf die Miniaturwelt dort unten ist atemberaubend. In der plötzlich flachen Landschaft verliert man schnell die Orientierung, doch der Pilot hilft weiter. Gern geht der Pilot auf besondere Wünsche ein, und so lässt sich auch die Festung Marienberg einmal aus der ungewohnten Vogelperspektive bewundern. Geradezu schwerelos gleitet das Segelflugzeug dahin, bis man viel zu früh zum Flugplatz zurückkehren muss.

Hin & weg: Mit dem Fahrrad entlang der beschriebenen Tour ab dem Bahnhof. Oder mit dem Auto direkt zum Flugplatz.

Dauer & Strecke: Für die 18 km lange Radtour sollte man wegen der Anstiege ca. 2 Std. einplanen. Der Segelflug dauert ca. 20 Min.

Beste Zeit: Wegen der Thermik empfiehlt sich sonniges Wetter, z. B. in den Sommermonaten. Eine Reservierung ist notwendig.

Ausrüstung: Kopfbedeckung wegen der Sonneneinstrahlung, ggf. Sonnenbrille, Kamera und Geld für den Flug.

Tipp: Nach der Landung kann man noch Zeit auf der Terrasse des Restaurants Mandino bei leckerem italienischem Essen verbringen (www.mandinowuerzburg.de). Hier lässt sich der weitere Flugbetrieb beobachten und das Erlebte – nun mit dem Blick von unten nach ganz oben – noch einmal in Revue passieren.

Anschließend geht es ganz bequem mit dem Fahrrad den Pfaffenberg hinunter. Über die Laurentiusbrücke, die auch Zeller Brücke genannt wird, erreicht man den idyllischen Radweg am Main, der uns schnell wieder zurück nach Würzburg führt.

FAZIT: DEM HIMMEL SO NAH UND DER MINIATURWELT SO FERN.

DAV

SENK-RECHT-STARTER

… in der Zellerau

#12

Lust auf Klettern oder Bouldern, am besten an der frischen Luft? Kein Problem im DAV-Kletterzentrum in der Zellerau. Auf kletterbegeisterte Outdoorfans wartet hier ein Paradies auf insgesamt 620 Quadratmetern, in dem sie sich mit oder ohne Seil austoben können.

#mitundohneSeil #aufbuntenRouten #anderWandabhängen

Menschen jedes Alters begeistern sich für das Klettern. Wer nicht gerade die perfekte Kletterwand in der nachbarschaftlichen Natur stehen hat, findet im DAV-Kletterzentrum einen tollen Ersatz: eine lichtdurchflutete Halle, in der auch Nicht-DAV-Mitgliedern zugelassen sind und die keine Wünsche offenlässt. Auch überzeugte Outdoorsportler bekommen hier leuchtende Augen. Sie können sich an der 14 Meter hohen Außenfassade der Halle austoben oder draußen im Boulderbereich amüsieren.

Wer nur bouldern möchte, kann direkt loslegen. Wer an die Seilkletterwand will, muss entweder die nötigen Kenntnisse nachweisen oder kann diese in den angebotenen Kursen erwerben. Für Anfänger gibt es auch Schnupperkurse.

Links neben dem Eingangsbereich sieht man sofort die große, helle Kletterhalle, die mit ihren bunt markierten Routen lockt. Doch am schönsten ist es an der frischen Luft. Allein beim Blick nach draußen spielen die Endorphine aller Kletterbegeisterten verrückt. Denn dort ragt unter dem weiß-blauen Himmel die 14 Meter

Nach dem Klettern ist vor dem Klettern ... und dazwischen laden Bistro und Terrasse zu einer Pause ein. Perfekt für einen Austausch mit Gleichgesinnten und die Planung der nächsten Route an der Kletter- oder Boulderwand.

hohe Außenfassade mit ihren 450 Quadratmeter Seilkletterfläche und fordernden Überhängen auf. Nebenan präsentiert sich die 170 Quadratmeter große farbenfrohe Außenboulderfläche als sicherungsfreie Alternative.

Als Neuling findet man beim abendlichen Klettertreff schnell Anschluss und einen Kletterpartner. Die Routen werden diskutiert, und man erhält Tipps und Hilfestellung, sollte man mal etwas ratlos an der Wand hängen.

Wenn die Finger brennen und die Muskeln eine Pause fordern, lässt sich im Bistro Energie tanken. Von der sonnigen Terrasse aus kann man die anderen Kletterer beobachten oder sich die nächste Route überlegen.

Sollten dunkle Wolken aufziehen, muss das den Kletterspaß nicht verderben: Schließlich warten in der Halle 1140 Quadratmeter Seilkletter- und 230 Quadratmeter Boulderfläche.

Hin & weg: Mit den Linien 2 oder 4 in Richtung Zellerau bis DJK-Sportzentrum, zwischen Sportplatz und Apotheke hindurch bis Weißenburger Straße und nach links abbiegen.

Dauer & Strecke: Je nach Ausdauer oder bis die Finger glühen.

Beste Zeit: Ganzjährig, für den Außenbereich empfehlen sich angenehme Temperaturen von Mai bis August.

Ausrüstung: Die Kletterausrüstung kann vor Ort geliehen werden.

FAZIT: INDOOR- UND OUTDOOR-KLETTERSPAß. FÜR JEDE WETTERLAGE GIBT ES DIE PERFEKTE KLETTERWAND.

HAUPTSACHE, ES BLÜHT

… nahe Sommerhausen

#13

Ein malerisches Moor, ein stillgelegter Steinbruch und eindrucksvolle Aussichtpunkte auf das weite Maintal: So unterschiedlich diese Orte sein mögen, an allen kann man bunten Libellen oder Schmetterlingen begegnen.

#Lebensräume #Panoramakunst #bunteFlugobjekte

Egal wie es heißt, Hauptsache es blüht. Und schon steht es auf dem Insekten-Speiseplan.

Im Sommer begegnen sie uns überall: bunte Fluginsekten, darunter Schmetterlinge und Libellen. Und mögen es auch weniger sein als früher, trifft man sie trotzdem an den unterschiedlichsten Orten – in einem belebten Moor, einem ehemaligen Steinbruch mit Zeugnissen der Erdgeschichte und auch entlang der Aussichtspunkte über das Maintal.

Vom Parkplatz des Tierparks kommend, biegt man vor dem Eingang in einen schmalen Waldweg ab. Der würzige Duft der Kiefern umschmeichelt die Wanderer, federnden Schrittes folgt man dem Waldweg. Am Waldrand angekommen, führt der Weg zwischen leuchtenden goldenen Feldern und Bäumen weiter.

Wandert man am frühen Morgen los, kündigen bereits in der Ferne fremdartige Vogelstimmen das Zeubelrieder Moor an. Und je näher man kommt, umso zahlreicher werden auch die Libellen, die in akrobatischen Flugmanövern durch die Luft schwirren.

Hier und da kann man einen Blick durch den dichten Schilfgürtel erhaschen. Vielleicht sieht man dabei ein paar Enten, die in Kolonne zwischen den knietief im Wasser stehenden Bäumen schwimmen. Der Grund für den hohen Wasserstand sind übrigens die Biber, die mit ihren vielen Dämmen innerhalb von kurzer Zeit eine immense Fläche unter Wasser gesetzt haben.

Aussichtspunkt mit Ausstellungscharakter: Das Terroir F Sommerhausen gleicht einer Outdoorgalerie mit Weitblick über die Weinlagen rund um den Künstlerort.

Wenig später erreicht man den idyllisch gelegenen Zeubelrieder Weiher und schließlich auch die Abzweigung zum Panorama-Höhenweg. Weil dessen »Höhe« erst erreicht werden muss, folgt man dem steinigen Trampelpfad zwischen dem Weinberg und der alten Natursteinmauer nach oben.

Kurz darauf kommt man zu einem stillgelegten Quaderkalkbruch. Das Geotop ist Teil des Naturschutzgebiets Maintalhang Kleinochsenfurter Berg und bietet spezialisierten Arten einen Lebensraum. Vor allem verschiedene Schmetterlingsarten sind hier in großer Zahl anzutreffen. Sie tummeln sich um die bunten Blüten.

Nach dem Steinbruch erreicht man den ersten Aussichtspunkt – plötzlich macht die Bezeichnung »Panoramaweg« Sinn. Der Blick schweift von Ochsenfurt bis zur Schleuse Goßmannsdorf. Darüber liegen Wald und Feld.

Bläulinge tanzen von Blüte zu Blüte, Minuten später lädt erneut ein Aussichtspunkt zu einer Pause ein. Von der Bank lassen sich über die Weinberge hinweg Sommerhausen, Winterhausen und Randersacker erspähen.

Hin & weg: Mit der Linie 554 oder 555 bis Sommerhausen GH Schwanen und ca. 20 Min. bis zum Tierpark laufen oder mit dem Auto direkt am Tierpark parken.

Dauer & Strecke: Für die 10 km lange Strecke sollte man 3 Std. einplanen.

Beste Zeit: Morgens im Frühjahr und Sommer, wenn die Vogelstimmen im Moor am lautesten sind.

Ausrüstung: Bequeme Kleidung, Wanderschuhe, ausreichend Wasser und ein Snack für unterwegs.

Es geht an einigen Häusern und Weingütern vorbei und dann ins Siegeswäldchen mit dem Terroir F Sommerhausen. Bei einem Künstlerort wie Sommerhausen versteht es sich von selbst, dass der Aussichtspunkt über den Weinbergen die Kunst zum Thema hat. Der kleine Skulpturenpark lädt zum Verweilen ein: Einfach neben der Weinprinzessin Platz nehmen und die Aussicht genießen.

Der Park ist Krönung und Abschluss der kurzweiligen Wanderung, denn schon wenige Gehminuten später hat man wieder den Parkplatz am Tierpark erreicht.

FAZIT: ABWECHSLUNGSREICHE WANDERUNG MIT UNTERSCHIEDLICHEN HIGHLIGHTS.

STATT STRAND

… auf den Sanderauer Mainwiesen

#14

Die Sonne scheint auf Hochtouren, die Anzeige des Thermometers klettert immer höher, und der Ventilator erinnert eher an einen Heißluftfön? Wer jetzt nicht in seinen Kühlschrank ziehen will und keine Lust auf Freibad hat, findet auf den Mainwiesen im Stadtteil Sanderau eine kühlende Alternative zum Strand.

#Badetierpark #unkonventionell #Flussplanschen

Je heißer der Sommer, umso verlockender und erfrischender ist das kühle Nass des Mains. Ein Bad mit spektakulärer Aussicht.

Obwohl Würzburg am Main liegt und über lange Uferflächen verfügt, hat die Stadt im Gegensatz zu ein paar umliegenden Gemeinden keinen Badestrand. Doch bei heißen Temperaturen hält das die nach Kühlung lechzenden Sonnenanbeter nicht ab, sondern macht sie nur erfinderisch. Und so werden die Mainwiesen vor dem Stadtteil Sanderau kurzerhand in Liegewiesen umfunktioniert und jeder Zugang zum Wasser – sei es über Steine oder Stufen – als Einstieg in den Main genutzt.

Das Baden am Main ist erlaubt und wegen der guten Wasserqualität auch gesundheitlich unbedenklich. Man sollte einen Sicherheitsabstand zu den Schiffen halten, für die der Main eine wichtige Wasserstraße darstellt.

Teilweise füllen sich die schattigen Rasenflächen zwischen Sebastian-Kneipp-Steg und der Konrad-Adenauer-Brücke schon am Vormittag mit den ersten Besuchern. Schlendert man an den Mainwiesen entlang, sieht man ein hauptsächlich junges, aber gut gemischtes Publikum. Studenten fläzen lernend in der Sonne, ein paar Gruppen spielen Volleyball. Einem kleinen Jungen kann es nicht schnell genug gehen, aus seiner kurzen Hose und dem T-Shirt herauszukommen. Nichts hält ihn, und noch im Rennen zieht er sich die Badehose zurecht. Ein Pärchen hat in Ufernähe seine Picknickdecke ausgebreitet. Direkt nebenan liegen ein Krokodil und ein riesiger Flamingo friedlich nebeneinander.

Im Wasser treiben neben Stockenten und Schwänen weitere bunte Badetiere sowie Luftmatratzen mit dösenden Badegästen. Die etwas Aktiveren fahren mit ihrem Stand-Up-Paddle-Board das Mainufer entlang.

Wenn bunte Luftmatratzen durch den Stadtteil Sanderau spazieren, sind sie sicher auf dem Weg zu einer Abkühlung an den Mainwiesen. Hier treffen sie auf Artgenossen wie Flamingos, Einhörner und Krokodile.

Für Abwechslung neben dem Badespaß sorgen Tischtennisplatten und Spielplätze. Sie erfreuen sich großer Beliebtheit, genauso wie der Eismann, der seinen Wagen etwas abseits des Trubels aufgestellt hat. Kurz vor der Konrad-Adenauer-Brücke liegt der gleichnamige Grillplatz, auf dem man den Sprung ins kühle Nass mit geselligem Beisammensein bei Steak und Grillgemüse kombinieren kann – oder genüsslich den Feierabend einläutet.

Strand? Wer braucht schon einen Strand, wenn man sich am Würzburger Mainufer Abkühlung verschaffen kann?

Hin & weg: Mit den Straßenbahnlinien 1 und 4 bis Arndtstraße oder Königsberger Straße und ca. 5 Min. zu Fuß bis zu den Mainwiesen.

Dauer & Strecke: Solange die Sonnencreme schützt und man keine Schwimmhäute entwickelt.

Beste Zeit: Wenn der Sommer sich von seiner schönsten Seite zeigt.

Ausrüstung: Badesachen, Handtuch und vielleicht Geld für den Eismann.

FAZIT: HIER FINDET MAN KEINE SANDBURG, ABER ANGENEHME ABKÜHLUNG UNTER GLEICHGESINNTEN.

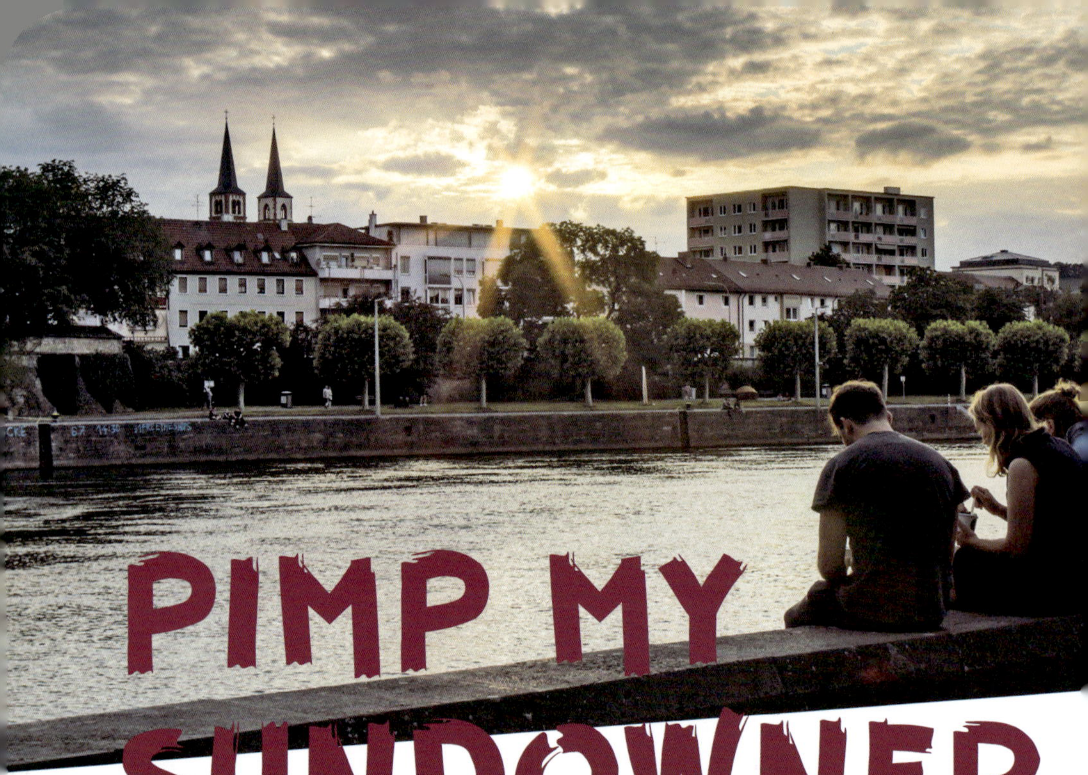

PIMP MY SUNDOWNER

... am Würzburger Mainkai

#15

Aus einer einfachen Radtour nach Feierabend lässt sich rasch ein kleines Event machen: sich in Höchberg mit einem Eis belohnen, dann die Frankenwarte für eine erstaunliche Aussicht erklimmen und anschließend entspannt am Mainkai den Sonnenuntergang beobachten.

#kulinarisch #Sundownevent #Turmbesteigung

Fruchtig, nussig oder schokoladig? Wenn diese Hürde genommen ist, steht dem Genuss nichts mehr im Weg.

Radfahren ist nach einem langen Bürotag der perfekte Ausgleich. Mit der richtigen Tour lässt sich das Ganze noch steigern: zu einem tollen Erlebnis an einem lauen Abend. In Höchberg warten ein leckeres Eis und hoch oben an der Frankenwarte ein nicht ganz alltäglicher Blick über Würzburg. Der Sonnenuntergang am Mainkai ist dann das i-Tüpfelchen bei dem ereignisreichen Feierabend.

Los geht's am Vierröhrenbrunnen. An den Heiligen der Alten Mainbrücke vorbei, biegt man in die Leistenstraße ab und folgt dem Radweg unterhalb der Festung Marienberg. Auf der Fahrt passiert man den Maschikuliturm und die Weinlage der Inneren Leiste, bis schließlich Höchberg erreicht ist.

An heißen Tagen stellt das an der Hauptstraße gelegene Eiscafé La Gondola eine wahre Verlockung dar. Die Wahl zwischen Schoko, Himbeere und anderen leckeren Sorten wird dabei zur vielleicht schwierigsten Herausforderung des Tages.

Zwischen Höchberg und Frankenwarte radelt man an Feldern entlang und kann bis zum fernen Schenkenturm blicken.

Mit neuer Energie geht's zwischen den Häusern den Berg hinauf, bis die weiten Felder oberhalb Höchbergs erreicht sind. Man folgt dem Weg entlang der Felder, links öffnet sich der Blick über den Ortsteil Hexenbruch und die Zeller Waldspitze bis zum weit entfernt liegenden Schenkenturm.

Schon nach wenigen Minuten erreicht man den sehenswerten Aussichtsturm Frankenwarte. Ende des 19. Jahrhunderts auf dem höchsten Punkt des Nikolausbergs errichtet, sollte er vor allem als Ausflugsziel dienen. Nachdem er zwischenzeitlich für militärische Zwecke genutzt wurde, darf seit 1954 wieder jedermann die ungewohnte Aussicht über Würzburg bestaunen – zumindest diejenigen, die es auf sich nehmen, die über 200 Stufen bis zur verglasten Plattform zu erklimmen. Das ist ganz schön anstrengend, keine Frage. Aber der herrliche Blick ist nicht nur den einen Euro Eintritt wert, sondern ganz bestimmt auch all die Mühe.

Weiter geht der Weg durch den Wald, und wer mit Kindern unterwegs ist, kann am großen Spielplatz mit Klettergerüst und Seilbahn einen Stopp einlegen.

Leckere Fish & Chips vor der grandiosen Kulisse der Alten Mainbrücke und der Festung Marienberg.
Die Frankenwarte ist nicht nur von außen ein Hingucker, sondern auch ein Highlight in Sachen Aussicht.

Am Käppele vorbei, folgt man der Straße den Nikolausberg hinunter und wechselt über die Alte Mainbrücke erneut die Mainseite.

Ziel ist der Mainkai zwischen Brücke und Altem Kranen. Hier trifft man sich an lauen Sommerabenden und genießt die Sicht auf den Main und die schräg gegenüber aufragende Festung Marienberg. Hungrige Feinschmecker bestellen sich beim Fischimbiss Main Kutter die besten Fish and Chips von Würzburg und lassen sich damit entweder direkt an Bord oder am Ufer nieder.

Jetzt heißt es nur noch genießen: In roten und goldenen Farbtönen gleitet das allerletzte Licht des Tages langsam an der Festung Marienberg entlang, bevor sich die Sonne mit einem Lächeln im Gesicht bis zum nächsten Morgen verabschiedet.

Hin & weg: Der Vierröhrenbrunnen ist mit den Straßenbahnlinien 1, 3, 4 und 5 zu erreichen.

Dauer & Strecke: Für die 11 km lange Radtour braucht man etwa 1 Std. Ein Eis und die Besteigung der Frankenwarte dauern noch einmal ca. 30 Min. Achtung: Der Zeitpunkt des Sonnenuntergangs ändert sich im Lauf des Jahres.

Beste Zeit: Für angenehme Temperaturen am Abend empfehlen sich die Sommermonate.

Ausrüstung: Bequeme Kleidung und Geld für ein Eis und die Einkehr am Main Kutter.

FAZIT: FEIERABEND-RADTOUR MIT EINEM EREIGNISREICHEN UND KULINARISCHEN RAHMENPROGRAMM.

→ ABSTECHER …

THRON-BESTEIGUNG

… auf der Festung Marienberg

#16

Stolz blickt die mächtige Festung Marienberg auf den Main und die Würzburger Altstadt. Das Schmuckstück der Stadt ist aber nicht nur schön anzusehen, sondern eignet sich auch hervorragend als Aussichtspunkt über Würzburg – am besten bei einer Flasche Frankenwein und einem kleinen Picknick.

#Festungsblick #Schlossbergwanderung #WeinmitAussicht

Der Main trennt den Marienberg von der Würzburger Altstadt. Schon etwa 1000 Jahre vor Christus erkannte man die Vorteile der Lage und schätzte den Weitblick über den Main. Heute steht hier die Festung Marienberg. Nicht nur die prächtige Burganlage zieht etliche Touristen und Tagesausflügler an, sondern auch nach wie vor die herrliche Aussicht über den breiten Fluss und die dahinter liegende Stadt.

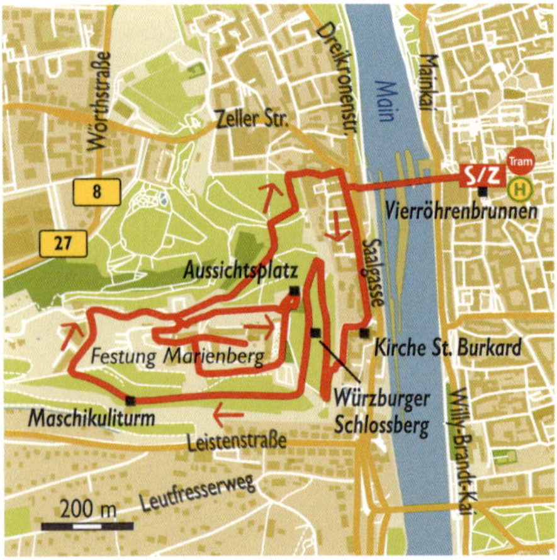

Vom Vierröhrenbrunnen aus spaziert man über die Alte Mainbrücke zur Kirche St. Burkard und durch den Hof hinein in den Weinberg. Von der unteren Ebene des Weinbergs führt der Weg am Fuß der Festung Marienberg entlang und in einer weiten Serpentine nach oben. Bereits zu Beginn ist der Ausblick auf die Würzburger Altstadt spannend – doch mit jedem Meter wird die Sicht auf so markante Gebäude wie das Rathaus, den Dom und die Marienkapelle spektakulärer.

Man durchquert die Weinlage Schlossberg und erreicht ein Tor, das auf die Südseite des Berges führt. Gegenüber ragt der Nikolausberg mit dem Käppele auf. Der Pfad führt an den Weinen der Inneren Leiste vorbei bis zum Maschikuliturm. Der ehemalige Geschützturm wurde im 18. Jahrhundert von Balthasar Neumann zum Schutz der Südflanke errichtet und ist durch die Kasematte direkt mit der Festung verbunden.

Kurz darauf ist der große Parkplatz erreicht, und man findet sich wenig später innerhalb der mächtigen Festungsmauern wieder. Nach rechts führt der Weg direkt zur vorderen Mauer. Von hier oben lässt sich der Weg durch den Weinberg, den man vor einigen Minuten noch entlangwanderte, zurückverfolgen. Vor allem aber bietet sich eine unbeschreibliche Aussicht: Die Altstadt Würzburgs mit ihren vielen Kirchtürmen und der prachtvollen Residenz, die Steinburg oberhalb des Weinbergs und die umliegenden Stadtteile breiten sich vor uns aus.

Durch eine der bekanntesten Weinlagen Würzburgs führt der Weg sanft ansteigend den Berg hinauf. Und mit jedem Meter breitet sich die Stadt spektakulärer vor dem Wanderer aus.

Während die Sightseeing-Jäger an der Mauer stehen und mit der perfekten Ausrichtung ihres Selfiesticks kämpfen, kann man an der linken Ecke der Mauer etwas Ruhe und Schatten finden. Meist weht hier ein angenehmes Lüftchen. Selbst an warmen Sommertagen ein herrlicher Aufenthaltsort, der sich perfekt eignet, um dort länger zu verweilen – bei einer Flasche Frankenwein mit einem kleinen Picknick auf der Mauer oder der dahinter liegenden Wiese.

Müll einsammeln nicht vergessen, und dann wird weiterspaziert: um die Festung bis in den Innenhof. Hier lohnt sich ein Abstecher in den Fürstengarten (Eingang links neben der Marienkirche aus dem 8. Jahrhundert). Man kann auch an einer Führung teilnehmen oder das Museum für Franken besuchen (www.museum-franken.de).

Durch die Tore verlässt man den inneren Bereich der Festungsanlage und folgt dem breiten Weg hinunter zum letzten Tor. Von hier aus führen Treppen zurück zur Alten Mainbrücke.

FAZIT: WEIN MIT AUSSICHT ODER EIN GEMÜTLICHER SPAZIERGANG MIT BLICK ÜBER DIE STADT.

Hin & weg: Den Vierröhrenbrunnen erreicht man mit den Straßenbahnlinien 1, 3, 4 und 5.

Dauer & Strecke: Für die knapp 5 km benötigt man etwa 1,5 Std. plus Zeit an der Festung Marienberg.

Beste Zeit: An warmen Sommertagen weht oben fast immer ein kühles Lüftchen.

Ausrüstung: Bequeme Schuhe und Kleidung, Wasser für unterwegs, evtl. eine Flasche Frankenwein oder ein kleines Picknick.

MUTPROBE FÜR ANFÄNGER

… das Blutsee-Moor bei Kist

#17

Um Moore ranken sich oft schaurige Mythen und Sagen. Für mindestens eine Figur in diesen Geschichten geht sie immer schlecht aus … Obwohl das Blutsee-Moor einen Namen trägt, der in dieser Hinsicht Böses erahnen lässt, kann das Feuchtgebiet gefahrlos besucht werden.

#Moorlandschaften #Eiszeitrelikt #sagenfrei

Rund um das Blutsee-Moor kann man gelbe Schwertlilien und flinke Libellen entdecken. Die Hoheitssäulen markieren die Landesgrenze zwischen Bayern und Baden-Württemberg.

Die letzte Eiszeit ist schon ein Weilchen her. Man vermutet, dass sie der Grund für die Entstehung des Blutsee-Moors in der Nähe von Kist war. Es hatte also jede Menge Zeit, um sich einen Namen zu machen. Schließlich braucht jedes anständige Moor mindestens eine eigene Schauergeschichte, in der Moorleichen und Irrlichter die Hauptrolle spielen. Aber längst nicht jedem Moor ist das gelungen. Am besten nimmt man all seinen Mut zusammen und überzeugt sich selbst bei einem netten Waldspaziergang, was es mit dem Blutsee-Moor so auf sich hat.

Am Parkplatz die Straße überqueren und dem breiten Forstweg in den Wald folgen. Schon nach wenigen Minuten taucht man vollständig in die Welt der Bäume und Waldbewohner ein. Es ist keine Seltenheit, dass ein Reh den Weg kreuzt und vorbeikommende Wanderer fast genauso verdutzt ansieht wie umgekehrt. Aber auch den Waldalltag anderer Tiere, wie etwa Füchsen, stört man hin und wieder versehentlich.

Es geht eine Weile an den weiten Baumreihen vorbei, dann wechselt man die Straßenseite in ein anderes Waldstück. Hier stößt man auf zwei etwa vier Meter hohe Sandsteinsäulen. Sie wurden bereits 1584 errichtet, nachdem die Grenzstreitigkeiten zwischen dem Hochstift Würzburg und dem Erzstift Mainz beigelegt worden waren. Heute verläuft hier die Landesgrenze zwischen den Bundesländern Bayern und Baden-Württemberg.

Der Waldweg geht in einen Forstweg über, dem man eine ganze Weile folgt. Am Wegrand blühen imposante Holundersträucher, die großen Rispen mit ihren vielen weißen Blüten

leuchten Wanderern bereits aus einiger Entfernung entgegen. Entdeckt man die ersten Libellen, kann es bis zum Blutsee-Moor nicht mehr weit sein.

Ein Pfad führt einmal um das Feuchtgebiet herum. Wer noch immer fürchtet, dass hier geisterhafte Irrlichter ihr Unwesen treiben, kann jetzt erleichtert aufatmen. Zunächst ist hier nicht mehr zu sehen als eine große Freifläche im Wald, die von Gräsern, Büschen und einigen Bäumen bewachsen ist. Der Laie entdeckt auf den ersten Blick nichts, das auf ein Moor hindeuten könnte. Ein unaufmerksamer Schritt in den Morast überzeugt allzu schnell vom Gegenteil.

Ende Mai bis Juni wachsen am Rand des Moores gelbe Schwertlilien. Die Besonderheit des Blutsee-Moors ist jedoch sein Schwingrasen. Hierbei handelt es sich um einen Untergrund aus Torfmoosen, auf denen all die anderen Pflanzen wachsen.

Umrundet man das Moor, fallen zunehmend matschige Uferbereiche und Wasserflächen auf. Um schaurige Sagen und Mythen entstehen zu lassen, reicht das leider nicht, aber ein sagenhaftes Ökosystem ist es allemal. Schließlich trifft man erneut auf den Forstweg und hat kurz darauf schon wieder den Parkplatz erreicht.

FAZIT: KEINE MYTHEN, KEINE MOORLEICHE – UND TROTZDEM NICHT LANGWEILIG.

Hin & weg: Nahe Kist auf dem Waldparkplatz parken. Oder mit dem Bus bis Haltestelle Fh. Irtenberg fahren. Dann beginnt die Wanderung nahe den Hoheitssäulen.

Dauer & Strecke: Für den 8 km langen Spaziergang sollte man 2,5 Std. einplanen.

Beste Zeit: Ende Mai bis Juni, wenn die Lilien blühen.

Ausrüstung: Bequeme Schuhe und Kleidung, Wasser und ein Snack für unterwegs.

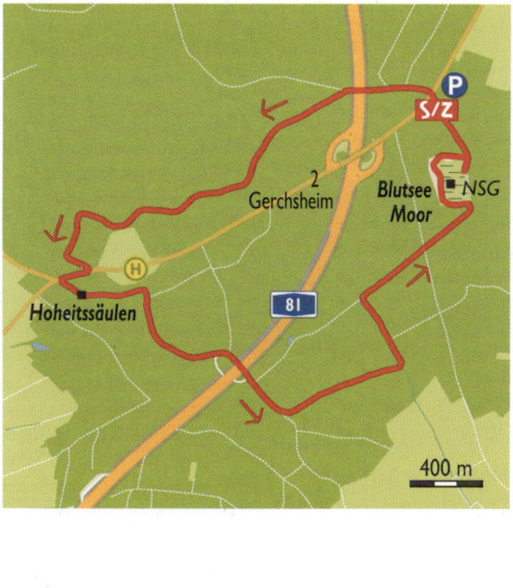

HEIMLICH VEREINT

… in Wertheim

#18

Unter den wachsamen Augen der Burg Wertheim fließt die romantische Tauber in den deutlich größeren Main. So wie die beiden Flüsse, vereinigt sich hier auch das Taubertal mit dem Maintal. Dazwischen liegt das idyllische Städtchen Wertheim.

#Burgpanorama #Wasserstraßen #2UferWanderung

→ ABSTECHER ...

An der Mündung der Tauber in den Main liegt Wertheim, das mit seinem historischen Stadtkern und der beeindruckenden Burg immer einen Ausflug wert ist. Vom Bahnhof geht es hinunter an die Tauber. Das letzte Stück des Taubertals präsentiert sich hier typisch romantisch: mit vielen hübschen Häusern am Ufer, bevor sich in der Ferne der weite Wald über der Tauber erhebt.

An der Fußgängerbrücke biegt man in Richtung Burg Wertheim ab, die über der historischen Altstadt auf dem Berg thront. Treppen winden sich den ansteigenden Hang hinauf, über eine Brücke erreicht man schließlich die Auffahrt zur Burg.

Der Blick nach oben zeigt eine imposante Burg aus dem 12. Jahrhundert, die seit dem 17. Jahrhundert zum Teil in Trümmern liegt: Zuerst wurde sie durch eine Pulverexplosion beschädigt und dann im Dreißigjährigen Krieg weiter zerstört. Sonntags kann man an einer Burgführung teilnehmen, oder man passiert das Drehkreuz und besichtigt die Burg auf eigene Faust.

Der belebte Marktplatz mit seinen Cafés und Restaurants und der markanten Stiftkirche im Hintergrund.

Im Restaurant – einer Symbiose aus Alt und Neu – erwacht die Burg wieder zum Leben, von der Sonnenterrasse bietet sich dem Gast ein herrliches Panorama über die Stadt (www.burgwertheim.com). Die Burg auf der Mainseite umrunden und auf den Waldweg wechseln, der nach etwa einem Kilometer am Waldrand weiterführt. Auf den angrenzenden Feldern kann man mit Glück Rehe entdecken, die jedoch flüchten, wenn sie Wanderer bemerken.

Ein erneuter Abstecher in den Wald führt in ein Wohngebiet. Vorbei an Häusern und gepflegten Vorgärten erreicht man das Schlösschen im Hofgarten. In dem Rokokobau aus dem 18. Jahrhundert befindet sich eine private Kunstausstellung. Kunstinteressierte können hier einen Stopp einlegen.

Dann geht's weiter zur Uferpromenade am Main. Die Burg Wertheim versteckt sich zur Linken, doch immer wieder spitzen Türme verstohlen hinter Bäumen und Hausdächern hervor. Man nähert sich nun der Mündung der Tauber in den Main. Das geht weder als schäumendes Aufeinandertreffen der beiden Flüsse vonstatten noch als dramatische Farb-

Der Blick von der Burg auf die historische Altstadt von Wertheim und die dahinter liegenden entzückenden Häuser, die sich entlang der Tauber aufreihen.

trennung à la Rio Negro und Amazonas. Stattdessen vereinigen sich die beiden Flüsse beinahe heimlich: Einträchtig und ruhig fließen sie im Flussbett des Mains weiter.

Der Tauber-Promenade folgend, erreicht man die Altstadt und spaziert durch enge Gässchen mit Fachwerkhäusern. Dabei kommt immer wieder die markante Kirchturmspitze der Stiftskirche in Sicht. Vorbei an Marktplatz, Wenzelplatz und Engelsbrunnen erreicht man schließlich die Kirche. Von hier kann man noch einmal einen langen und sehnsüchtigen Blick auf die Burg Wertheim werfen. Dann zur Fußgängerbrücke an der Tauber zurückkehren und wenig später ist schon wieder der Bahnhof erreicht.

Hin & weg: Mit der Linie 977 bis Wertheim oder mit dem Auto am Tauber-Parkplatz parken.

Dauer & Strecke: Für die 7,5 km sollte man mit Burgbesichtigung ca. 3,5 Std. einplanen.

Beste Zeit: Bei warmem (Sommer-)Wetter, sodass man von der Sonnenterrasse der Burg die Aussicht genießen kann.

Ausrüstung: Feste Schuhe, bequeme Kleidung, Wasser für unterwegs.

Tipp: Die frisch zubereiteten Smoothies und Bagels bei Sam. – Smoothies & more sind ein wahrer Genuss (www.sam-smoothies.de).

FAZIT: ROMANTISCHES AUFEINANDERTREFFEN ZWEIER FLÜSSE VOR DER KULISSE DES HISTORISCHEN STADTZENTRUMS.

KUNST AUF ZEIT

... die Street-Art im Stadtteil Zellerau

#19

Jede Stadt hat sie: bunte Graffitis auf Fassaden, Brückenpfeilern oder Unterführungen. Wie künstlerisch wertvoll die Werke des Street-Meet-Festivals 2016 sind? Das kann man auf einer an der Talavera beginnenden Tour zu Würzburgs Street-Art selbst beurteilen.

#Streetart #Zellerau #Dosenkunst #Spaziergang

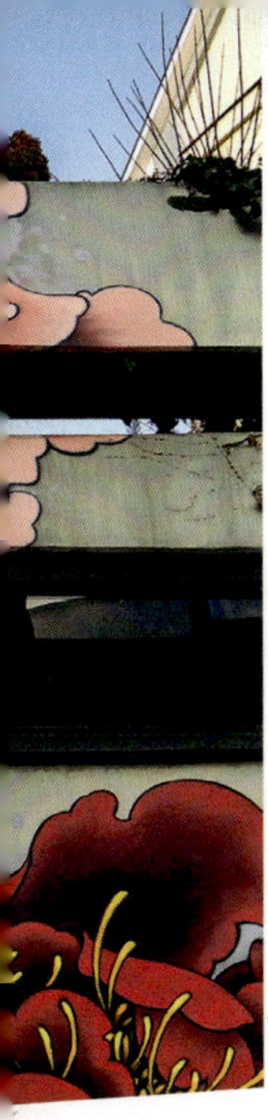

Wenn Brückenpfeiler zur Leinwand eines Künstlers werden: Kunst unter der Brücke der Deutschen Einheit.

Während der Würzburger Street-Meet-Festivals trafen sich regionale und internationale Dosenkünstler, um großflächige und vergängliche Werke für eine riesige Street-Art-Galerie entstehen zu lassen. Beim Festival, das 2016 stattfand, durften sich Sprayer vor allem im Stadtteil Zellerau verewigen, der lange Zeit als Problemviertel galt. Seit der Jahrtausendwende arbeitete man stetig an einer Imageverbesserung und seiner Aufwertung. Auch die Street-Art des Festivals trug ihren Teil dazu bei.

Der erste Spot befindet sich auf den Mainwiesen. Hier mischt man sich am besten unter die vielen Spaziergänger, Gassigeher und Jogger, die am Abend und an Wochenenden unterwegs sind. Auf der anderen Mainseite ziehen das sehenswerte Heizkraftwerk und der Kulturspeicher mit seiner gelungenen Kombination aus alter und moderner Architektur den Blick auf sich, und aus der Ferne sind schon die bunten Brückenpfeiler zu erkennen. Jeder erzählt seine eigene Geschichte: der bärtige,

Trafohäuschen können auch schön sein. Zum Beispiel, wenn sich eine begabte Künstlerin daran austobt und ein verträumtes Märchen auf die ehemals triste Fassade zaubert.

Pfeife paffende Mann begutachtet das wachsende Bäumchen in seiner Hand, während bunte Vögel um den Pfeiler tanzen. Gleichzeitig springt eine blaue Katze samt Reiter den gegenüberliegenden Pfeiler entlang und grinst frech die stille Schönheit nebenan an.

Von den Mainwiesen führt der Spazierweg in die Zellerau. Das nicht zu übersehende Graffiti eines knienden Jungen an der Fassade der Zellerauer Mittelschule ist eine Pausenhofverschönerung, die so manch trister Schulfassade guttäte. Das Werk regt zum Nachden-

Einer Galerie gleich präsentiert sich die Wendeschleife der Straßenbahn: Auf über 150 Meter Mauer haben sich die Künstler eindrucksvoll verewigt.

ken an: Was hält der Junge in den Händen? Seine Träume?

Durch die Gässchen führt der Weg weiter zur Frankfurter Straße. Das Gebäude mit der großen Sonnenuhr fiel trotz seines Fassadenschmucks in der Vergangenheit kaum auf. Inzwischen bleibt man unweigerlich davor stehen und bewundert staunend die weinende Asiatin, die ihre lachende Maske abnimmt.

Ein märchenhaftes Trafohäuschen folgt. Wem diese Kombination abwegig erscheint, sollte einen Abstecher wagen. An einer Häuserzeile lugen verträumte Wesen aus einer blumenreichen Wiese hervor und entführen uns in eine wunderbare Fantasiewelt.

Vorbei an der sehenswerten Hundertwasser-Schule und einem Eckhaus im Comic-Style. Gegenüber vom ehemaligen Bürgerbräu-Gelände zweigt eine Querstraße ab. Hier gibt es zum Abschluss noch einmal geballte Street-Art: einige merkwürdige Gestalten, bunte Schmetterlinge und viele mehr. Hier wird die Vergänglichkeit der Werke am deutlichsten, einige beginnen bereits abzublättern. Darum schnell vorbeischauen, bevor die Wand wieder vollkommen grau geworden ist.

Tipp: Hunger oder Durst nach dem Marsch? Das Kultur- und Kreativzentrum auf dem ehemaligen Bürgerbräu-Gelände ist einen Besuch wert, und das Café Glück Und Gut zaubert leckere Snacks, Kaffee und Kuchen (www.glueckundgut.de).

FAZIT: GROßES OUTDOORMUSEUM MIT SEHR BEEINDRUCKENDEN KUNSTWERKEN – PERFEKT FÜR STREET-ART-FANS.

Hin & weg: Abends und am Wochenende mit Linie 4 ab Hauptbahnhof in 5 Min. bis Haltestelle Talavera. Alternativ auf dem kostenlosen Parkplatz Talavera parken. Zurück ab Haltestelle Bürgerbräu.

Dauer & Strecke: 4 km gehen und anschließende Kaffeepause: etwa 2 Std.

Beste Zeit: Wetter- und jahreszeitenunabhängig. Am besten am Wochenende, dann herrscht weniger Verkehr auf den Straßen.

Ausrüstung: Wettergerechte Kleidung. Bargeld für eine kulinarische Belohnung nach der Tour.

Wenn es Nacht wird: Im Central-Kino auf dem Bürgerbrau-Gelände kann man in alten Bierkellern Filme gucken. (www.central-bb.de).

SINNES-RAUSCHEN

… im Würzburger Stadtwald

#20

Einem grünen, blätterreichen Fjord gleich schneidet der Stadtwald zwischen Dallenberg und Nikolausberg in die südwestlichen Stadtteile Würzburgs. Die riesige grüne Lunge der Stadt ist das perfekte Naherholungsgebiet für eine kleine Auszeit – auch im Winter!

#Steinbachtal #Wald #Ruhegenießen #Naturerleben

Raus aus der Stadt, rein in den Wald: Der fast 1000 Hektar große Würzburger Stadtwald liegt so nah am Zentrum, dass man ihn problemlos zu Fuß erreicht. Auch im Winter lockt er mit entspannender Ruhe. Wenn man hier vor lauter Bäumen den Wald nicht mehr sieht, sollte man sich auf seine anderen Sinne konzentrieren: die erdig-holzige Luft riechen, das Rauschen der Bäume hören und fühlen, wie ihre dünnen Zweige durch die Finger gleiten. Alltag und Stress? Bleiben am Waldrand zurück.

Der Stadtwald besteht vorwiegend aus Laubbäumen wie Buchen und Eichen, die ihn zu einem lichtdurchfluteten Wohlfühlwald machen. Und nicht nur die zweibeinigen Besucher freuen sich darüber: Weil ein Teil des Waldes nicht mehr forstwirtschaftlich genutzt wird und das Totholz im Wald verbleibt, herrschen hier auch für viele Tiere wirklich paradiesische Bedingungen.

Die perfekte kleine Pause vom Alltag beginnt am Weg in die Vogelwelt. Der fast ebene Hauptweg ist einfach zu gehen. Er führt zunächst durch einen Parkwald mit einem kleinen Teich, mehreren Denkmälern und einem Vogellehrpfad zu heimischen Arten. Der Weg verläuft immer parallel zum Steinbach, der nur bei stärkeren Regenfällen ein bisschen Wasser führt. Ansonsten gibt es hier viele Steine und wenig Bach.

Wer aufmerksam in den Wald lauscht, wird auch im Winter viele Vögel entdecken.

Im Winter und im späten Herbst beleuchtet die tief stehende Sonne nur die Spitzen der Baumkronen. Am Ende des Steinbachtals erreicht man den Wendeplatz. Hier zweigen Wanderwege in verschiedene Richtungen ab: Für diese Tour läuft man im warmen Licht der Sonnenstrahlen den Berg hinauf. Selbst im Winter wird man dabei vom munteren Zwitschern der Meisen und dem monotonen Hämmern der eifrigen Spechte begleitet. Hat man sehr viel Glück, kreuzt ein scheues Reh den breiten Waldweg.

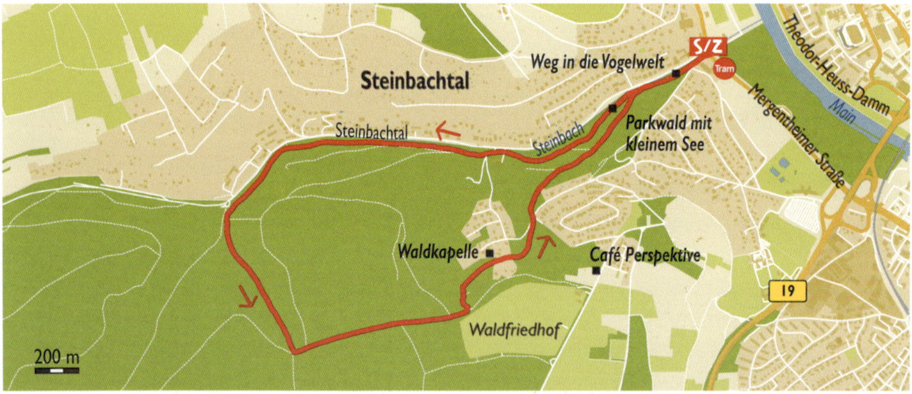

Begleitet von den langen Schatten der tief stehenden Sonne, führt der Weg durch die Baumreihen.

An einer Kreuzung in Richtung Waldfriedhof abbiegen, in dessen Umgebung auch der Würzburger Friedwald zu finden ist. Wer im Café Perspektive einen Stopp einlegen möchte, läuft am Zaun entlang weiter. Andernfalls erneut in Richtung Steinbachtal spazieren, bis ein paar Häuser erreicht sind. Über die Dächer und die Waldkapelle hinweg kann man den Nikolausberg im Licht der Sonne leuchten sehen, bis er wieder zwischen den Bäumen verschwindet. Eine Straße kreuzt den Weg, dann setzt er sich breit durch den Wald fort. Er führt stetig bergab, bis man wieder im Tal ankommt und diese ruhevolle Welt verlässt.

Tipp für eine längere Auszeit: Am Eingang des Stadtwalds befinden sich Infotafeln zu markierten Wanderwegen. Diese führen weit über die Grenzen des Stadtwalds hinaus und eignen sich daher für Tages- oder Radtouren.

Hin & weg: Vom Hauptbahnhof mit den Straßenbahnlinien 3 und 5 in 15 Min. bis Haltestelle Steinbachtal und wieder zurück.

Dauer & Strecke: Spaziergang 1,5 Std., ca. 6 km.

Beste Zeit: Jede Jahreszeit hat ihren Reiz. Das beruhigende Lichtspiel auf den bunten Blättern im Jahreslauf oder das warme Licht der tief stehenden Wintersonne.

Ausrüstung: Bequeme Kleidung, festes Schuhwerk, Geld für die Einkehr im Café Perspektive: ein Integrationsprojekt für Menschen mit psychischer Behinderung (mehr auf www.kvwuerzburg.brk.de unter Angebote).

FAZIT: LEICHT ZU ERREICHEN, KURZWEILIG UND VOLLER SINNESEINDRÜCKE. BEI BEDARF VARIABEL IN DER TOURENLÄNGE.

→ ABSTECHER …

VON BÄREN UND WÖLFEN

… Winter im Wildpark Bad Mergentheim

#21

Die weiß gezuckerte Landschaft verlockt nicht gerade zu körperlichen Höchstleistungen. Genießen sollte man den schönen Schnee aber dennoch. Ein Besuch im Wildpark ist die perfekte Lösung: Während die Bären im Schnee dösen und die Otter über den eisigen See hüpfen, knirscht es unter unseren Sohlen.

#Winterzauber #tierisch #wilderPark

Eingepackt in dicken Plüsch, döst der Braunbär vor sich hin, während sein Mitbewohner, der ebenfalls in seinen warmen Winterpelz gehüllte Fuchs, leichtfüßig an ihm vorbeitänzelt.

Auf langen Beinen stakst der Weißstorch durch den Schnee im Rothirschgehege und wirkt dabei ein wenig deplatziert. Kennt man ihn doch als Frühlingsbote, der erst bei steigenden Temperaturen aus seinem afrikanischen Winterdomizil zurückkehrt.

Der Storch bleibt stehen, plustert seine Brustfedern auf und vergräbt den Schnabel darin. Insgeheim ist ihm wohl doch etwas kühl. Die Rothirsche hingegen stören sich wenig an den winterlichen Temperaturen. Ihre Aufmerksamkeit gilt eher den vereinzelten Besuchern in der Nähe der Futterstelle. Vielleicht haben sie ja einen leckeren Snack dabei.

In den Wintermonaten liegt der weitläufige Park ruhig da, fast allein folgt man dem Weg durch den Wald zu den Fischottern. Der kleine See ist von einer Eisschicht überzogen, doch aus einem Loch in der Eisdecke spitzt ein braunes Köpfchen. Für einen Moment taucht der Otter ab, dann kehrt er zurück und klettert geschmeidig aus dem Wasser.

Ein paar Meter weiter wird weit weniger Action geboten. Die Braunbären liegen auf der dünnen Schneedecke. Nur ihre Augen und Ohren

---

Hin & weg: Von Würzburg über die B19 in Richtung Bad Mergentheim und dann in Richtung Wildpark abbiegen.

Dauer & Strecke: Um die Tierbegegnungen genießen zu können, sollte man für den ca. 2 km langen Rundweg 2 Std. einplanen.

Beste Zeit: In den Wintermonaten hat man die Tiere manchmal ganz für sich allein. (Achtung: im Winter nur an Wochenenden und Feiertagen geöffnet.)

Ausrüstung: Kleidung für winterliche Temperaturen, Geld für eine wärmende Einkehr.

---

bewegen sich mit den neugierigen Besuchern. Den umherschleichenden Rotfuchs mit seinem prächtigen dicken Fell beachten sie hingegen kaum. Man kennt sich schließlich.

Die tief stehende Sonne guckt kurz durch die Wolkendecke, während etwas Großes zwischen den Bäumen hindurchschreitet. Langsam werden die mächtigen Umrisse eines Elchs sichtbar, der sich im hinteren Bereich seines großen Geheges aufhält. Ob es sich lohnt, einen Moment zu warten? Vielleicht kommt er ja näher ...

Auf einem nahen Erdwall erscheinen ein paar leuchtende Augenpaare, Grimms Märchen scheinen plötzlich zum Leben erwacht. Es ist Essenszeit im Wolfgehege. Immer mehr Wölfe tauchen zwischen den Bäumen auf, und das größte Rudel Europas versammelt sich auf der riesigen Freifläche. Ein kleiner Streit um die besten Brocken sorgt für kurze Aufregung, doch es ist genug für alle da.

Kinder freuen sich anschließend über einen Besuch des Streichelzoos und etwas Bauernhof-Feeling, bevor es vorbei am lustigen Grunzen der Wildschweine und den neugierigen Blicken der Waschbären weiter zu den Polarfüchsen geht. Die sind bei den kühlen Temperaturen ganz in ihrem Element, und auch die Wildkatze nebenan ist mit ihrem dichten Fell perfekt isoliert.

FAZIT: DIE WENIGEN WINTERBESUCHER VERSPRECHEN MEHR EINZIGARTIGE TIERERLEBNISSE – PERFEKT FÜR JUNG UND ALT.

Wer inzwischen feststellen musste, dass die eigene Isolierung zu wünschen übrig lässt, findet in der Jägerstube am Ausgang die perfekte Anlaufstelle. Eine wärmende Mahlzeit später sieht die Welt schon wieder anders aus. Eigentlich könnte man die Runde durch den Wald gleich aufs Neue drehen, wäre da nicht die große Koboldburg, bei deren Anblick auch die Großen gern noch einmal klein wären.

2. KAPITEL AUSFLÜGE

Raus für einen Tag

Raus aus dem Alltag und zu Fuß, mit dem Fahrrad oder dem Schiff kleine Abenteuer erleben. Ein Tag in der Natur, der alles bieten kann – außer Langeweile.

12H

WER SINGT DENN DA?

… Wanderung rund um Grafenrheinfeld

#22

Lichte Wälder, vogelreiche Seen, verwunschene Bachläufe – und im Hintergrund die Kühltürme des Kernkraftwerks Grafenrheinfeld. Eine kontrastreiche Wanderung durch das artenreiche Natur- und Vogelparadies der Region, die alle Sinne anspricht.

#BächeundSeen #Vogelbeobachtung #Kontraste #Auwälder

Kaum die Autotür geöffnet, und schon ist man mittendrin. Ein überwältigendes Durcheinander aus Geschnatter, Gezwitscher und anderen Vogelstimmen ertönt. Eins ist klar: Einen Dirigenten gibt's hier nicht. Dennoch ist dieses laute Willkommen die perfekte Einstimmung für diese herrliche Wanderung, die durch die unberührten und artenreichen Naturschutzgebiete und Auwälder rund um das inzwischen abgeschaltete Kernkraftwerk Grafenrheinfeld führt. Seine beiden Kühltürme sind jetzt nur noch eine dramatische Kulisse, die besonders fantasievolle Besucher vielleicht an einen postapokalyptischen Blockbuster denken lässt.

Langsam werden die lauten Vogelstimmen vom Vogelschutzgebiet Garstadt leiser, während man sich am Bach entlang in Richtung Naturschutzgebiet Elmuß bewegt. Zwei Blässhühner paddeln über einen kleinen See, am Ufer hofft ein Angler auf einen guten Fang.

Blühende Bäume reihen sich entlang des Pfads am Naturschutzgebiet Alter Main auf. Auf dem Weg zum Schutzgebiet Elmuß kann man hinter einem Schilfgürtel das Kloster Maria Hilf in Heidenfeld erkennen.

Nun taucht man in das Schutzgebiet ein. Vor allem im März und April breitet sich hier ein grüner Teppich aus, den man nicht nur sehen, sondern vor allem riechen kann. Angenehm benebelt durch den intensiven Duft des Bärlauchs, schreitet man an moosbedecktem Totholz und einem verwunschenen Bach entlang. Zitronenfalter und andere Schmetterlinge tanzen als bunte Punkte durch die Luft.

Ist die Ortschaft Röthlein durchquert, biegt man wieder in den Wald ab. Kiefer reiht sich an Kiefer, und ein schmaler Pfad schlängelt sich zwischen den Bäumen hindurch, bis man plötzlich vor etwas vollkommen Unerwartetem steht: einer Düne!

Dem Pfad folgend, erreicht man gleich mehrere Wasserflächen. Die Bäume im Uferbereich stehen knietief im Wasser, dichte Schilfgürtel lassen die Größe der Seen nur erahnen.

Hin & weg: Von Schweinfurt über die B286 bis Abfahrt Röthlein abfahren und weiter bis Heidenfeld. Von Würzburg kommend, in Volkach in Richtung Schweinfurt abbiegen und weiter bis Heidenfeld. Im Ort biegt man in einen der Flurbereinigungswege ein und erreicht nach einigen hundert Metern den Parkplatz.

Dauer & Strecke: Um die Natur genießen zu können, sollten für die 21 km lange Wanderung 6–7 Std. eingeplant werden.

Beste Zeit: Im Frühjahr versammeln sich zahllose Vögel rund um die geschützten Wasserflächen.

Ausrüstung: Feste Schuhe, bequeme Wanderkleidung, ggf. Insektenspray gegen Mücken und Zecken, ausreichend Wasser und ein Snack, Geld für eine Einkehr in der Alten Amtsvogtei (amtsvogtei-grafenrheinfeld.com).

Im Frühjahr versammeln sich an den Garstadter Seen zahllose Vögel, um inmitten des Vogelschutzgebiets die nächste Generation Blässhuhn, Graugans oder Eisvogel heranzuziehen.

Am Sauerstöcksee lädt ein Rastplatz zu einer Pause ein. Das Geschnatter der Gänse sorgt für musikalische Untermalung.

Ein kurzer Besuch im Ort Grafenrheinfeld und weiter geht der Marsch entlang des Naturschutzgebiets Alter Main in Richtung AKW. Zwischen hohem Schilf und sich zum Wasser neigenden Bäumen paddeln Reiherenten und der ein oder andere Haubentaucher.

Nach der Umrundung des Kraftwerks biegt man in das nächste Schutzgebiet ab: das Garstadter Holz (hier ist eine Abkürzung zum Parkplatz möglich). Der Hartholz-Auenwald breitet sich bis zum Main aus, und wer einem eifrigen Specht bei der Arbeit lauscht, versteht auch die Bedeutung von »Hartholz«. Während der Vogel mit seiner ganzen Kraft weiterhämmert, nähert man sich dem Vogelschutzgebiet Garstadt.

Erneut erschallt das Vogelkonzert, und auf der weiten Seefläche der ehemaligen Kiesgrube kann man Graugänse, Kormorane, Tafelenten und Co. entdecken. Auch Fischadler, Eisvögel und Bekassinen sollen hier leben. Vom Aussichtsturm kann man sich selbst einen Überblick verschaffen. Das letzte Stück bis zum Auto ist kurz, doch die Eindrücke der Wanderung hallen noch lange nach.

FAZIT: LÄNGERE, KONTRASTREICHE WANDERUNG FÜR NATURLIEBHABER UND (HOBBY-) ORNITHOLOGEN.

ÜBER DEM WEIN

... auf dem Schwanberg

#23

Durch saftig grüne Wälder geht es zur Ruine Speckfeld, Keltenwällen, einem wunderschönen Schlosspark und zahlreichen Aussichtspunkten über das weinreiche Kitzinger Land. Die beste Aussicht hat man bekanntlich von oben. Also runter von der Couch und hoch zum Schwanberg.

#Frühlingsliebe #Weitblick #Walderlebnis

Schon von weitem kann man das Schloss erkennen, das sich hinter den hohen Bäumen des Schwanbergs versteckt. Doch auch der Berg selbst ist ein Hingucker. Markant erhebt er sich über der umliegenden Landschaft des Steigerwalds im Kitzinger Land. Vermutlich dachten sich das auch schon die Kelten, deren Schutzwälle noch auf dem Schwanberg erkennbar sind.

Ebenso sehenswert sind hier oben der schöne Schlosspark, die Gebäude der evangelischen Schwesterngemeinschaft Communität Casteller Ring mit der Ordenskirche St. Michael und einige Aussichtspunkte mit spektakulärer Weitsicht. Wer all diese Schönheiten bewundern möchte, schultert am besten den Rucksack und startet zu einer Tageswanderung am Schwanberg, bei der meist der Weg das Ziel ist.

Gleich zu Beginn erwartet Wanderer die herrliche Aussicht über die Weinberge, bevor sich der Weg – den Schwanberg zur Linken – durch saftig grüne Wälder schlängelt. Ein steiler Aufstieg wird mit dem Ausblick über die Weinberge und Felder bis Markt Einersheim sowie dem spektakulären Turm der Ruine Speckfeld belohnt. Straßenmusikanten gleich, trällern Vögelchen uns Wanderern ein Lied, während der schmale Pfad weiter zum Waldrand führt. Vorbei an Feldern erreicht man das Restaurant Augustiner am See in Birklingen (www.augustiner-am-see.de), das sich perfekt für eine verdiente Pause eignet.

Das kleine Örtchen Birklingen stellt den Umkehrpunkt der Wanderung dar und bietet sich für eine wohlverdiente Pause direkt am Ufer eines kleinen Sees an.

Anschließend ruft wieder der Wald, wo die frischen Blätter der Laubbäume das Sonnenlicht in hellen Punkten über den Boden tanzen lassen. In einer scharfen Kurve erreicht man den Mittelwald-Informationspavillon mit Wissenswertem zu den Vogelhäusern am Weg.

Nun geht es tiefer hinein in den Wald. Ein schmaler Pfad führt auf den Schwanberg. Der Weg wird breiter und die Zahl der Wanderer nimmt zu. Kurz nach dem Friedwald ist ein Keltenwall zu erkennen, durch ihn verläuft die Route zum stilvoll angelegten Schlosspark.

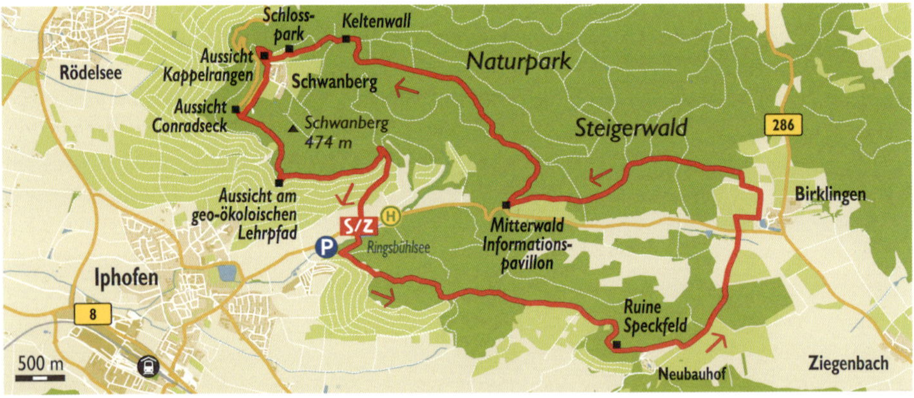

Hier lässt sich gemütlich schlendernd das Gelände erkunden, und dann über einen selten genutzten Pfad zum Aussichtspunkt Kapellrangen laufen. Der Weitblick bei guten Wetterbedingungen ist beeindruckend. Eine große Tafel verrät den Besuchern, welche Orte in der Ferne zu erkennen sind.

Hin & weg: Anreise mit dem Auto über Iphofen. Am Parkplatz am Ringsbühl parken.

Dauer & Strecke: Für die 19,5 km lange Wanderung und Stopps an den Aussichtspunkten sollte man 7 Std. einplanen.

Beste Zeit: Am saftigen Grün der Laubbäume erfreut man sich am besten im April und Mai. Im Sommer kann man die angenehme Kühle des Waldes genießen.

Ausrüstung: Feste Wanderschuhe, bequeme Wanderkleidung, ggf. Wanderstöcke, ausreichend Wasser und einen Snack für unterwegs, Geld für die Einkehr.

An der Schlossmauer entlang geht es hoch zur Straße. Vorbei an Kirche, Klosterladen und einem Keltenspielplatz erreicht man den Aussichtspunkt Conradseck. Erneut breitet sich das bunte Landschaftspanorama vor uns aus. Nun geht es stetig bergab bis zum geologischen Lehrpfad.

Der Weg führt oberhalb des Weinbergs entlang und schließlich ins Tal hinunter. Von unten kann man noch einmal den Blick über den Schwanberg und die Wälder schweifen lassen, die man zuvor durchstreift hat.

FAZIT: TAGESWANDERUNG DURCH DIE UNBERÜHRTE NATUR MIT KULTURELLEN HIGHLIGHTS, FÜR WANDERER, DIE SEHR GUT TRAINIERT SIND.

GENUSS-VOLLE AUSZEIT

… in Wartmannsroth

#24

Mehr als 80 Brennrechte bei gerade einmal 2000 Einwohnern: Kein anderer Ort in Bayern kann hier mit Wartmannsroth mithalten. In der gesamten Gemeinde geht es hochprozentig zu. So finden sich entlang des Wegs interessante Infotafeln und Brennereien zum Gucken, Schnuppern und Schmecken.

#flüssigeProzente #Rapsmeer #Whisky&Wandern

Entlang des Wanderwegs lässt sich zum Beispiel viel Wissen in Sachen Whiskey sammeln. Am Ende der Tour kann man sich bei Interesse dann von der Qualität des Rhön-Whiskeys überzeugen.

Das beschauliche Wartmannsroth liegt in der südlichen Rhön, kurz vor der Grenze zum Spessart. Auf den ersten Blick scheint es sich einfach um ein ruhiges Dorf in malerischer Lage inmitten der Kulturlandschaft zu handeln. Doch bekanntlich sind stille Wasser tief. Wobei: Im Fall von Wartmannsroth handelt es sich wohl kaum um Wasser. Stattdessen dreht sich hier alles um Liköre, Brände, Geister und den Rhön-Whisky. Nirgendwo in Bayern gibt es im Verhältnis zur Einwohnerzahl mehr Brennrechte für Hochprozentiges.

Wälder sind für den Rhön-Whiskey erst auf den zweiten Blick wichtig, doch für die Lagerung in Fässern ist deren Holz unverzichtbar. Inmitten des Waldes stößt man auch auf den idyllischen Weidigsee.

Entsprechend hochprozentig gestaltet sich auch eine Wanderung rund um Wartmannsroth. Für die nötige Theorie sorgen die zahlreichen Infotafeln entlang des Weges, die sich mit Bränden, Whisky und Co. beschäftigen. Wer sich lieber mit der Praxis auseinandersetzt, findet auf der Strecke zudem einige besuchenswerte Brennereien.

Man durchquert Wartmannsroth und hat schon nach etwa einem Kilometer den Waldrand erreicht. Ein paar Pfützen zeugen noch vom Regen der vergangenen Nacht. Ein Sprung zur Seite hilft, und so erreicht man kurz darauf den Weidigsee. Am Ufer spitzen ein paar Lilienblätter aus dem Wasser und mit dem Zug der Wolken verändert sich auch stets die Szenerie.

Nun, da man sich das erste Wissen angeeignet hat, verlässt man den Hauptweg und läuft zum Waldrand, vorbei an zahllosen Maiglöckchen. Zwischen den Bäumen kann man schon früh die strahlend gelben Rapsfelder leuchten sehen, zu denen der Weg schließlich abzweigt.

Hin & weg: Von Würzburg kommend, biegt man nach Gemünden in Richtung Gräfendorf ab und folgt dort der Ausschilderung bis Wartmannsroth. An der Kirche ist ein großer Parkplatz.

Dauer & Strecke: Die Wanderung ist 11 km lang und der wissenshungrige Wanderer braucht mind. 3,5 Std. Für eine anschließende Verkostung sollte man sich 1 Std. Zeit nehmen.

Beste Zeit: Die weiten leuchtenden Rapsfelder kann man bei einem Besuch im Mai bestaunen.

Ausrüstung: Bequeme Schuhe und Kleidung, Wasser für unterwegs und ggf. Geld für eine anschließende Verkostung.

Gelbe Felder, blauer Himmel und Schäfchenwolken: Schöner hätte es kein Künstler malen können. Also hineinspaziert in dieses Kunstwerk und vom Duft der Rapsblüten betören lassen. Am Dreimärkerkreuz lädt eine Bank zur Rast ein – oder man testet sein Wissen am Quiz-Fass. Danach führt der Weg langsam bergab in Richtung Völkersleier. An der Kirche abbiegen und der Straße folgen, bis sie in Richtung der Felder abzweigt.

Der Weg steigt gemächlich an, am Himmel zieht ein Rotmilan in Ruhe seine Kreise. Nach einer scharfen Linkskurve empfiehlt es sich, an der Schutzhütte eine Pause zu machen. Hier hat man bei gutem Wetter eine spektakuläre Sicht bis in die Rhön und eine Infotafel verrät die Namen der fernen Berge.

Nun geht es wieder bergab, und vorbei an einem kurzen Waldstück erreicht man die Straße. Dem parallel verlaufenden Weg folgen und Wartmannsroth ist wieder erreicht.

Tipp: Wer nach der trockenen Theorie in die flüssige Praxis übergehen möchte, sollte die Destillathek der Familie Bischof besuchen. Hier zaubert die Brennerin Franziska hochprozentige Köstlichkeiten (www.diebrennerin.de). Am besten vorher anrufen, ob die Brennerei geöffnet hat.

FAZIT: SCHÖNE WANDERUNG DURCH DIE KULTURLANDSCHAFT DER SÜDLICHEN RHÖN. NICHT NUR FÜR FANS VON GEBRANNTEM UND CO.

K&S

AHOI, ALTE LIEBE

… eine Schifffahrt nach Veitshöchheim

#25

Die Alte Liebe ist nicht irgendein Schiff: Für viele symbolisiert sie ein Stück Kindheit, als ein Ausflug mit den Großeltern nach Veitshöchheim führte. Auch heute noch warten nach der bequemen Schifffahrt ein leckeres Eis und ein umfangreiches Freizeitangebot auf die Passagiere.

#Retro #Schiffstour #Nostalgieausflug

pendelt das Schiff der Weißen Flotte zwischen der Stadt und dem beliebten Ausflugsziel, und beschert damit nicht nur Nostalgikern, sondern auch Neulingen ein paar vergnügte Stunden. Am Alten Kranen heißt es von Mai bis September stündlich »Leinen los« in Richtung Veitshöchheim. Die Fahrt dauert etwa 40 Minuten, die man bei schönem Wetter entspannt auf dem offenen Oberdeck verbringen kann.

Vor den Weinbergen des Würzburger Steins macht der Main einen weiten Bogen: Man lässt das architektonisch interessante Heizkraftwerk, den nebenan liegenden Kulturspeicher und die Würzburger Altstadt hinter sich zurück. Kurz darauf tauchen die saftigen Mainwiesen des Stadtteils Zellerau auf. Sonnenhungrige haben es sich dort bequem gemacht, Frisbees fliegen durch die Luft und man spielt Fußball und Volleyball.

Gemächlich gleitet das Schiff weiter über den Main. Kurz vor Zell ragen die Türme des Klosters Oberzell über den Bäumen auf. Nun dauert es nicht mehr lange, bis man den Ludwig-Volk-Steg sehen kann, der das bekanntere Veitshöchheim mit dem gegenüberliegenden Margetshöchheim verbindet.

Viele Würzburger können sich an den Ausflug mit ihren Großeltern erinnern: eine aufregende Schifffahrt mit der Alten Liebe nach Veitshöchheim. Im Anschluss ließen der Spielplatz und ein leckeres Eis die Kinderaugen noch strahlender leuchten. Damals wie heute

Schon seit einer gefühlten Ewigkeit startet die Alte Liebe von der Anlagestelle am Alten Kranen.
Der Spielplatz am Mainufer von Veitshöchheim ist für Familien mit Kindern eine beliebte Anlaufstelle.

Sobald man von Bord geht, hat man die Qual der Wahl. In der Nähe des Anlegers befinden sich der Spielplatz und die Minigolfanlage. Hat man sich heißgespielt, kann man in den Ortskern weiterziehen und sich in der Eisdiele des escaVinums eine Abkühlung holen.

Jetzt ist es nur noch ein Katzensprung zum Schloss Veitshöchheim und dem Rokokogarten, in dem Gartenkunst zelebriert wird. In der perfekten Geometrie des Gartens verbergen sich zwischen dem Großen See mit dem Musenberg-Parnass und den Alleen, Lauben und Pavillons Statuen mythologischer Figuren.

Tipp: Selbst wenn man nicht alle Statuen besuchen konnte, hat man sich eine kulinarische Pause verdient. Das Meegärtle liegt unweit des Anlegers. Es wird wegen seines guten Preis-Leistungs-Verhältnisses und der hervorragenden Küche von Gästen wie Einheimischen geschätzt (www.meegaertle.de). Zurück geht es auf dieselbe Weise: mit einem Schiff der Weißen Flotte aus Würzburg.

FAZIT: ALTE LIEBE ROSTET NICHT – UND SIE MACHT AUCH HEUTE NOCH EINEN AUSFLUG WIE DAMALS MÖGLICH.

Hin & weg: Den Anleger am Alten Kranen erreicht man mit den Straßenbahnlinie 2 und 4. Tickets gibt es direkt am Anleger.

Dauer & Strecke: Eine einfache Fahrt dauert etwa 40 Min.

Beste Zeit: Mai bis September bei schönem Wetter und angenehmen Temperaturen.

Ausrüstung: Bequeme Kleidung und Geld für Aktivitäten wie Minigolf und eine Einkehr.

WIPFEL-GLÜCK

… auf dem Baumwipfelpfad Steigerwald

#26

Schwindelfreiheit ist von Vorteil, wenn man den 42 Meter hohen Holzturm hochsteigen will, der sich im Wald bei Ebrach über die Baumkronen erhebt. Der Blick führt weit in die Ferne – viel weiter noch als die Radtour, die man mit dem Besuch des Baumwipfelpfads verbinden kann.

#Aussichtsspirale #überdenKronen #Steigerwaldrunde

Der Baumwipfelpfad ist ein Highlight des Steigerwalds: Von weit oben blickt man über die Baumkronen hinweg in die weite Landschaft. Ein Besuch lässt sich wunderbar mit einer Radtour durch den Handthaler Graben und die kleinen Dörfer der Region verbinden. Der Startpunkt ist der Besucherparkplatz des Steigerwald-Zentrums in Richtung Handthaler Graben. Bis man die Bergkuppe überschritten hat, steigt der Weg stetig an.

Jetzt weichen die Bäume vorübergehend einer weiten Wiese mit bunter Vegetation, kurz darauf kann man Seen und Tümpel sehen. Schaut man ganz genau hin, entdeckt man strategisch aufgeschichtete Äste. Ein Biber hat sich hier niedergelassen und einen durchaus beachtlichen See angestaut.

Man verlässt den Wald und hat kurz darauf den Baumwipfelpfad erreicht, der den Wald seit 2016 auf einzigartige Weise erlebbar macht. Entlang des 1,1 Kilometer langen barrierefreien Stegs wird Wissen zu Wald, dessen Schutz und Bewirtschaftung auf spielerische Weise vermittelt.

Im Altort von Prichsenstadt reihen sich bezaubernde Fachwerkhäuser auf, die nur noch vom alten Stadttor mit seinen beiden Türmen übertroffen werden.

Auch wenn der Weg kaum merklich ansteigt, fällt neben dem Pfad das Gelände in ein Tal ab und beinahe unbemerkt kommt man den Baumkronen immer näher. In bis zu 26 Meter Höhe über der Erde erfährt man hautnah das Leben in den oberen Stockwerken des Waldes. Einige Vögel gleiten über die Köpfe der Besucher hinweg und nehmen Kurs auf das Vogelhaus, das in luftiger Höhe zwischen den Bäumen hängt. Vor allem Meisen und Kleiber kann man hier beobachten, die oben wie unten nach einer Mahlzeit suchen. Dann erreicht man den 42 Meter hohen, kelchförmigen Aussichtsturm. Der Steg führt in einer Spirale nach oben und umrundet dabei einen einzelnen Baum, der in der Mitte der imposanten Konstruktion steht.

Kaum hat man die Baumkronen überschritten, wird eine leichte Brise spürbar, die sonst nur die obersten Spitzen der Bäume kitzelt. Wenig später ist der höchste Punkt erreicht: Der weite Steigerwald und die fränkische Platte liegen den Wanderern zu Füßen.

Den Baumwipfelpfad wieder hinabsteigen und durch Wald und Felder bis Kleingressingen ra-

Ein schöner Platz mit Aussicht wartet an einem kleinen, idyllischen See. Perfekt für eine Pause.
Die Aussicht vom Turm des Baumwipfelpfads hingegen ist nichts für schwache Nerven.

deln. Hier abbiegen und wenig später wird ein idyllisch gelegener See mit einer Bank sichtbar. Perfekt für eine kleine Pause, bevor es im Wald weitergeht.

Eine rasante Fahrt führt nach Schönaich. Das Fahrrad bequem rollen lassen, bis man vorbei an Feldern und kleinen Dörfern schließlich Prichsenstadt erreicht. Der alte Ort zwingt geradezu zur Langsamkeit, um die schönen alten Fachwerkhäuser und das historische Stadttor bewundern zu können.

Weitere malerische Dörfer werden durchquert. Die Route führt unterhalb der Burgruine Stollburg entlang, bis man wieder das Steigerwald-Zentrum erreicht hat, das sich vor allem mit dem Thema Nachhaltigkeit beschäftigt.

Tipp: Wenn der Magen knurrt, ist der hübsche Biergarten des Brunnenhofs genau die richtige Anlaufstelle (www.der-brunnenhof.de).

Hin & weg: Mit dem Auto über die A3 und die B22 und dann durch Oberschwarzach weiter nach Handthal.

Dauer & Strecke: Für die 37 km Kombi aus Radfahren und Wandern braucht man etwa 5 Std.

Beste Zeit: Frühjahr bis Herbst.

Ausrüstung: Bequeme Kleidung, ausreichend Wasser und Geld für den Baumwipfelpfad und ggf. eine Einkehr.

FAZIT: ERST IN DIE HÖHE UND DANN IN DIE WEITE DES STEIGERWALDS EINTAUCHEN.

FACHWERK-LIEBE

… bei Miltenberg

#27

Ein weitläufiger Wald erstreckt sich über den Bergrücken und verbirgt so Unerwartetes wie ein Felsenmeer und einen Steinkreis. Nach der Natur folgt etwas Kultur – zum Sehen und zum Trinken. Willkommen in den südlichsten Ausläufern des Spessarts!

#Saustall #Klostergenüsse #Schlossromantik

Bereits nach wenigen Schritten lässt sich die bevorstehende Tour von der Mainbrücke in Miltenberg überblicken: Dichter Wald überzieht die Hänge hinter dem Kloster Engelberg und zur Linken liegen Groß- und Kleinheubach mit ihren sehenswerten Kulturhighlights. Ein Blick über die Schulter, und man sieht die malerische Altstadt Miltenbergs mit den entzückenden Fachwerkhäusern und der darüber thronenden Mildenburg. Hier liegt der Abschluss der Tour, aber nicht ihr eigentliches Ziel. Die Wanderung besteht aus vielen kleinen Etappenzielen, die sich einem Schritt für Schritt offenbaren.

An Wohngebieten vorbei folgt man der Straße entlang zahlreicher Walnussbäume und biegt dann auf einen Trail in Richtung Wald ab. Schnell gewinnt man an Höhe. Zwischen den Bäumen lässt sich gelegentlich ein Blick auf das Maintal erhaschen, um ein Gefühl für die zurückgelegten Höhenmeter zu bekommen.

Schließlich erreicht man den breiten Hauptweg. Aus vereinzelten, moosbedeckten Brocken aus Buntsandstein am Wegrand wird plötzlich das Felsenmeer. Dieser Teil des Sandstein-Spessarts gehört zum Naturschutzgebiet Mainhölle und ist nur wenige hundert Meter lang.

Das Franziskanerkloster Engelberg mit dem schön angelegten Franziskusgarten und der Klosterschenke liegt dem Himmel oberhalb von Großheubach nah.

Nach einem kurzen Aufstieg weisen erste Schilder auf den Saustall hin. Der Name ist nicht metaphorisch gemeint: Tatsächlich handelt es sich dabei um einen Schweinestall im Freien, der von einem Steinkreis umgeben war. Anfang des 19. Jahrhunderts wurde er noch genutzt, um die Tiere während der Sommermonate im Eichelwald zu mästen. Begleitet von einer leichten Brise führt der Weg bergab. Immer wieder kann man hier den giftigen Fingerhut entdecken, der eine wahre Augenweide ist.

Man kommt zum Kloster Engelberg, das sich hervorragend für eine Einkehr und etwas flüssige Kultur wie ein Klosterbier eignet (www.franziskaner-engelberg.de). Es lohnt sich, dem gepflegten Klostergarten einen Besuch abzustatten, bevor scheinbar endlose Stufen hinunter nach Großheubach führen.

Den Ort durchqueren und dabei einen Blick auf das historische Rathaus aus dem 17. Jahrhundert werfen. Der Weg führt vorbei an dem Fachwerkbau und an Gärten bis zur Brücke nach Kleinheubach. In den Schlosspark abbiegen und einen Blick auf die beeindruckende Fassade des Schlosses Löwenstein werfen, hinter der sich heute ein Tagungs- und Eventhotel verbirgt. Dann die weitläufige Parkanlage durchschreiten und dem Weg anschließend entlang einzelner Felder in eine Kleingartenanlage folgen.

Kurz darauf hat man die wunderschöne Stadt Miltenberg erreicht, und läuft auf der schmalen Hauptstraße bis zum alten Marktplatz. Fans von Fachwerkhäusern werden den Platz mit leuchtenden Augen bestaunen. Während man gemächlich zurück zur Mainbrücke schlendert, wird man sich angesichts der hübschen Altstadt beim Murmeln mindestens eines kleinen »Wows« ertappen.

FAZIT: LÄNGERE WANDERUNG MIT EINER ABSOLUT AUSGEWOGENEN KOMBINATION AUS NATUR UND KULTUR.

Hin & weg: Mit dem Auto fährt man z. B. über die A3 bis Marktheidenfeld und dort weiter bis Miltenberg. Parkplatz unter der Mainbrücke.

Dauer & Strecke: Für die 18 km lange Wanderung sollte man mit ca. 6 Std. reiner Gehzeit rechnen.

Beste Zeit: Ein nicht allzu warmer Sommertag.

Ausrüstung: Feste Schuhe und wettergerechte Kleidung. Ausreichend Wasser und ein Snack für die lange Wanderung. Geld für eine Einkehr.

HÖHEN-RAUSCH

… im Gramschatzer Wald

#28

Klettern, Wandern oder die eigenen Sinne testen: Rund um das Waldhaus Einsiedel im Gramschatzer Wald ist unheimlich viel geboten und garantiert für jeden etwas dabei. Egal ob gemütlicher Abstecher oder actionreicher Tagesausflug, hier wird niemandem langweilig.

#Nervenkitzel #Tarzan2.0 #Sinneswandeln

Der direkte Blick nach unten ist sicher nichts für jedermann. Besser ist da der planende Blick nach vorne, wie das nächste Hindernis am geschicktesten zu überwinden ist.

Das Naherholungsziel Einsiedel im Gramschatzer Wald liegt etwa 20 Kilometer von Würzburg entfernt und hat sich zu einer Anlaufstelle für aktive Outdoorfans entwickelt.

Ob man sich nun in den luftigen Höhen des Kletterwalds austoben möchte, lieber eine Wanderung in den Ochsengrund unternimmt, auf dem Walderlebnispfad »Sinneswandeln« seine Sinne schärft oder gleich alles in ein abwechslungsreiches Tagesprogramm packt: Langeweile kommt hier nicht auf. Und zwischen all den Aktivitäten locken das Walderlebniszentrum mit Informationen und Veranstaltungen und das Waldhaus Einsiedel mit einer entspannten Pause im Biergarten.

Wie man den Tag auch verbringen will, die Wege sind hier nie weit. Alle Attraktionen verteilen sich kompakt um das Waldhaus und den großen Parkplatz.

Die Morgenfrische im Schatten der hohen Bäume eignet sich hervorragend für eine Kletterpartie auf dem großen Kletterwaldgelände (www.kletterwald-einsiedel.net). Blutige Anfänger und wagemutige Fortgeschrittene jeden Alters finden auf bis zu 20 Meter Höhe ihren persönlichen Adrenalinkick. Ausgerüstet mit einem Klettergurt, übt man sich unter Aufsicht erst am Einweisungsparcour und kann dann gut vorbereitet ins Abenteuer starten.

Es bietet sich die Wahl zwischen verschiedenen Schwierigkeitsgraden und Parcourshöhen. Anspruchsvolle Halteseilbrücken, stramm gespannte Slacklines, schwankende Dschungelbrücken und rasante Seilbahnen garantieren herausfordernden Kletterspaß und die ein oder andere Schweißperle – sowohl vor Anstrengung als auch durch den Nervenkitzel. Wenn man erst einmal wie Tarzan durch den Wald geklettert und geflogen ist, lockt der 1 Kilometer lange, barrierefreie Walderlebnispfad mit den verschiedensten Sinneseindrücken.

Wie können Blinde Entfernungen anhand von Geräuschen abschätzen? Eine leise Ahnung davon bekommt man, wenn man mit verbundenen Augen Tannenzapfen in einen Behälter mit Glocke werfen muss. Der Duft des Waldes lässt sich an unterschiedlichen Schnupperkästen erforschen, die nach Holunderblüte und Waldmeister riechen. Spielerisch werden entlang des Weges alle Sinne gefordert.

Und wem der Kilometer viel zu kurz ist, der biegt unterwegs einfach in Richtung Ochsengrund ab. Der neun Kilometer lange Waldspaziergang führt zum achteckigen Ochsenhäusle, das erst für die Viehzucht und später für Jagdzwecke genutzt wurde. Der Rundweg führt wieder zum Waldhaus Einsiedel zurück, wo man ganz entspannt noch etwas Zeit im gemütlichen Biergarten verbringen kann (www.waldhaus-einsiedel.de).

Hin & weg: Mit den Buslinien 450 und 8114 ab Bahnhof oder mit dem Auto über Rimpar.

Dauer & Strecke: Zum Klettern sollte man je nach Ausdauer 2–3 Std. und für die 9 km lange Wanderung 2,5–3 Std. einplanen, plus Zeit für eine Einkehr und den Besuch des Walderlebniszentrums.

Beste Zeit: Immer bei schönem Wetter und angenehmen Temperaturen.

Ausrüstung: Feste Schuhe, bequeme Kleidung zum Klettern und Wandern, Handschuhe zum Klettern (können auch vor Ort gekauft werden), Wasser, Geld für eine Einkehr.

FAZIT: KLETTERN, WANDERN UND DEN WALD MIT ALLEN SINNEN ERLEBEN. LANGEWEILE HAT HIER KEINE CHANCE!

AUF UMWEGEN

… nach Randersacker

#29

Rundwanderungen sind spannender, als denselben Weg zweimal zu gehen. Zwischen Würzburg und Randersacker kann ein Umweg durch die Weinberge und ein verwunschenes Tal sowie der Rückweg am Main entlang den Ausflug viel reizvoller gestalten.

#Erlebnisumwege #Weinbergsblick #derWegistdasZiel

Je weiter der Sommer voranschreitet, umso schöner leuchten die goldgelben Getreidefelder in der Sonne.

Umwege können eine Bereicherung sein. So ist das auch bei der Strecke von Würzburg nach Randersacker. Zwar führt der direkte Rad- und Fußweg wunderschön am Main entlang, dennoch wäre es schade, ihn doppelt zu laufen. Da liegt es näher, den üblichen Weg mit einem Umweg durch die Weinberge zu einer Rundwanderung zu kombinieren. So sieht man nicht nur zu den Weinbergen auf, sondern auch hinab – und kann den Blick genüsslich über das Maintal schweifen lassen.

Von der Straßenbahnendhaltestelle in der Sanderau geht es zu den Mainwiesen, dann den Rad- und Fußweg am Main entlang. An einer Gabelung erreicht man über einen unscheinbaren Pfad den Weinberg. Während man zwischen den Rebhängen hindurchspaziert, ziehen weiter unten der Main und der Stadtteil Heidingsfeld vorbei. Über eine Treppe gelangt man im Weinberg zwei Etagen nach oben: Hier offenbart sich ein beeindruckendes Panorama des Mains.

Nur wenig später windet sich dann der Weg zwischen eingewachsenen Grundstücken hindurch, solange bis man die Kleingartenanlage im Alandsgrund erreicht. In ein ungezähmtes Seitental mit mächtigen Bäumen abbiegen, abseits des Pfads wuchert das Dickicht und

Jedem die verdiente Pause: entweder sonnig im Weinberg oder entspannt am Mainufer.

es dringt kaum Licht hinein. Natursteinmauern sollen den Urwald bändigen, doch er wehrt sich: Moose überziehen Steine und Wurzeln, graben sich in Lücken, um die Mauern zu sprengen. Das Wohngebiet liegt nahe, doch man fühlt sich fernab der Zivilisation.

Am Waldrand angekommen, folgt man erst dem Trampelpfad, dann einer Traktorspur und biegt wenig später inzwischen der Felder ab. Während der Mais langsam in die Höhe schießt, leuchtet das Getreide bereits goldgelb in der Sonne. Nach der nächsten Biegung kann

Über die goldenen Felder hinweg kann man bis zur Festung Marienberg blicken.

man über die Ähren und den Stadtteil Keesburg hinweg bis zur fernen Festung Marienberg schauen. Bald schiebt sich ein Weinberg dazwischen und man findet sich inmitten der Weinstöcke wieder. Auch der Weinberg bietet beeindruckende Weitblicke – nicht zuletzt auf den Weinort Randersacker, der sich so aus einer nicht alltäglichen Perspektive betrachten lässt: von oben. Einige Krähen finden ebenfalls Gefallen an der imposanten Aussicht.

Tipp: Auf dem Weg durch den Ort kann man an heißen Tagen bei Roland's Eiscafé und Weinbistro einen Stopp einlegen. Ohnehin eignet sich Randersacker hervorragend für eine kleine Erkundungstour.

Der Weg führt weiter zum Main, wo Kinder am Badestrand Sandburgen bauen und Sonnenanbeter auf der Wiese und den Liegenstühlen dösen. Dem Rad- und Fußweg ohne weitere Umwege in Richtung Würzburg folgen und dabei zu den Weinbergen aufblicken, die auf dem Hinweg durchwandert wurden.

FAZIT: REIZVOLLER UMWEG MIT MAINTAL-PANORAMA UND URWALDFEELING.

Hin & weg: Mit den Straßenbahnlinien 1 und 4 bis zur Endhaltestelle Königsberger Straße.

Dauer & Strecke: Für die 12 km lange Strecke braucht man etwa 3 Std. Für einen Aufenthalt in Randersacker mit Eis, Erkundung und einem (Sonnen-)Bad sollte man 1–2 Std. einplanen.

Beste Zeit: An einem warmen Sommertag, dann wirken Eis und eine Abkühlung im Main am besten.

Ausrüstung: Bequeme Schuhe, ausreichend Wasser und Geld für ein Eis.

ONE-WAY-TICKET

… ab Volkach

#30

»Eine Einzelfahrt, bitte.« Die Volkacher Mainschleife erlebt man am besten zu Wasser und zu Land. Also werden nach einer bequemen Fahrt mit dem Ausflugsschiff Undine die Wanderschuhe geschnürt und man wandert zwischen Weinbergen, Obstplantagen und Winzerdörfern zurück nach Volkach.

#Flusswindungen #SchiffundWandern #einfacheFahrt

In der Nähe von Volkach windet sich der Main in engen Bögen: die Mainschleife. Bei einer kurzweiligen Kombination aus Schifffahrt und Wanderung kann man diesen einzigartigen Flussabschnitt aus unterschiedlichen Perspektiven erleben.

Kurz nachdem das Schiff abgelegt hat, wird die Brücke zwischen Volkach und Astheim kleiner. Über dem Campingplatz am Main sitzt die Wallfahrtkirche Maria im Weingarten. Wie die gesamte Landschaft der Mainschleife zieht sie langsam an der Undine und ihren Fahrgästen vorüber.

Während sich auf der rechten Uferseite der Wein an die Hänge schmiegt, wechseln sich auf der linken Seite Obstplantagen, Waldstücke und Felder ab. Das Schiff passiert das Winzerdorf Fahr, das an der Spitze einer engen Windung der Schleife liegt. Hier pendelt regelmäßig eine Fähre zwischen den Flussseiten und transportiert Wanderer, Radfahrer und Autos ans gegenüberliegende Ufer.

Links zieht Untereisenheim vorbei und wenige Minuten später Obereisenheim. Immer wieder winken Fährpassagiere zum vorbeifahrenden Schiff herüber.

Die Weinberge rücken näher an den Main heran und nach 40 Minuten ist Stammheim erreicht. Manchmal ist man der einzige Fahrgast, der hier aussteigt. Viele buchen eine Rundfahrt: Die Undine wendet vor der Schleuse Wipfeld und fährt zurück nach Volkach. Wer gerne aktiv ist, wandert zurück.

Von der Anlegestelle geht es auf direktem Weg in den Weinberg: immer bergauf bis zum größten Bocksbeutel der Welt. Die übergroße, typisch fränkische Weinflasche beherbergt eine Sitzgelegenheit und bietet einen fantastischen Ausblick.

Die Weinlage des Stammheimer Eselsbergs überqueren und durch Felder, Wiesen und Obstplantagen spazieren. Besonders die leuchtend gelben Sonnenblumenfelder setzen sich von den vielen Grüntönen des Landstrichs ab. Dann ist der Radweg am Main erreicht. Er führt zunächst nach Fahr, das bereits vom Schiff aus zu sehen war.

Die Stadtmauer von Volkach ist ebenso sehenswert wie der historische Ortskern rund um das Rathaus.
Der Weg von Stammheim zurück nach Volkach führt mitten durch die weiten Weinberge.

Durch eine hübsche Kleingartenanlage verlässt man den Ort nun wieder. Erneut folgen einige Reihen mit Obstbäumen. Im Juli schimmern vor allem die dicken, blau-lilafarbenen Zwetschgen zwischen den satten grünen Blättern hervor.

Hin & weg: An Wochenenden und Feiertagen kann man mit der Mainschleifenbahn an- oder abreisen.

Dauer & Strecke: Die Schifffahrt dauert 40 Min. (www.mainschifffahrt.info), für die 12 km lange Wanderung sollte man 3 Std. einplanen, plus etwas Zeit in Volkach.

Beste Zeit: Die Undine fährt von April bis Oktober, besonders schön ist die Fahrt in den Sommermonaten.

Ausrüstung: Bequeme Schuhe, ausreichend Wasser, Geld für die Schifffahrt und für eine Einkehr in eine der vielen Weinbars und Vinotheken.

Nun dem Radweg unterhalb des Weinbergs ein Stück folgen und schließlich die Straße überqueren, um dann über eine recht schmale Treppe zur Wallfahrtskirche Maria im Weingarten hochzusteigen. Bekannt ist das sehenswerte historische Gebäude vor allem für seine Madonna im Rosenkranz von dem weltberühmten Bildschnitzer Tilmann Riemenschneider aus dem 15. Jahrhundert.

Der Marktplatz von Volkach ist im Anschluss schnell erreicht, und man sollte sich noch etwas Zeit nehmen, um den Ort auf eigene Faust zu erkunden.

FAZIT: SPANNENDE KOMBI AUS BEQUEMER SCHIFFFAHRT UND AKTIVER WANDERUNG.

Ochsenfurt - Bieberehren
Weikersheim
Original-Signale
des Gaubähnle

AUS ALT WIRD NEU

... der Gaubahnradweg

#31

Bahntrassen raus, Asphalt rein: So verwandelte sich die alte Gaubahntrasse zum Gaubahnradweg. Von Ochsenfurt bis Röttingen kann man jetzt dem Verlauf der früheren Bahnstrecke ohne nennenswerte Steigung folgen und neben dem Weg Erinnerungen an Damals entdecken.

#Zeitreise #Bahntrassenradweg #Nostalgiewelle

Schnurgerade Streckenabschnitte und eine geringe Steigung empfehlen den Gaubahnradweg für eine entspannte Tagestour. Unterwegs warten alte Bahnhöfe und andere Relikte der Vergangenheit.

Fast 90 Jahre lang verband die Gaubahn das Maintal mit dem Taubertal. Nachdem der Betrieb 1992 eingestellt wurde, ersetzte man die Bahntrassen durch einen Radweg, der von Ochsenfurt bis nach Röttingen führt. In Kurven schlängelt er sich durch Felder, Ortschaften und Wälder. Den Wegrand säumen Relikte aus den vergangenen Zeiten der Gaubahn.

Vom Bahnhof Ochsenfurt geht's an der Südtangente entlang bis zum Beginn des Gaubahnradwegs. Kaum hat man die Verkehrsader verlassen, findet man sich auf einem von Bäumen umgebenen Radweg wieder. Zunächst erinnert nichts an die einstige Bahnstrecke. Kurz darauf erreicht man jedoch den ehemaligen Haltepunkt Hohestadt: Dessen Hinweisschild liefert das erste Anzeichen auf die Gaubahn.

Man passiert die Kirche St. Georg, die auf einem Hügel oberhalb der alten Bahnstrecke thront, und erreicht vor dem Waldrand drei Brücken. Über die mittlere, etwas höhere Brücke verläuft der Radweg – hier fuhr damals die Gaubahn. Die beiden anderen, sichtlich in die Jahre gekommenen Brücken dienten der Bevölkerung zur Überquerung des Thierbachs.

Am Ortsrand von Acholshausen lässt sich ein altes Zugsignal entdecken. Neben dem Radweg wirkt es ebenso nostalgisch wie kurios. Nur wenige Getreidefelder weiter erwartet Radfahrer der ehemalige Bahnhof von Gaukönigshofen. Hat man Rittershausen und Sonderhofen durchquert, überrascht Gelchsheim nicht nur mit einem alten Bahnhof, dessen Wartehalle von Mai bis September für Radfahrer und Wanderer geöffnet ist, sondern sogar mit einem kurzen Schienenabschnitt und einer kleinen Rangierlok.

Ab Baldersheim geht's bergab ins Taubertal, durch Bieberehren und schließlich zum alten Bahnhof in Röttingen. Wer hier einen Stopp einlegen möchte, kann sich die Füße auf dem Sonnenuhrenweg (Eskapade #51) vertreten. Anschließend ein kurzes Stück an der Tauber entlangfahren und in Bieberehren wieder auf den Gaubahnradweg wechseln.

Der Rückweg folgt weitgehend der bereits bekannten Strecke. Kurz vor Sonderhofen lohnt sich aber eine Einkehr im Brückenbaron. Ähnlich wie die alte Strecke der Gaubahn, erlebt auch hier ein Detail seinen zweiten Frühling: die alte Segnitzer Mainbrücke. Nach einem Neubau drohte ihr die Verschrottung. Stattdessen ziert der Stahlkoloss das Gelände des Brückenbarons, auf dem aus historischen Baumaterialien eine tolle Location mit Restaurant und Biergarten entstanden ist (www.brueckenbaron.com). Anschließend entlang der bekannten Wege der ehemaligen Gaubahn nach Ochsenfurt zurückradeln.

FAZIT: BAHNSTRECKEN UND BRÜCKEN – AUS ALT MACH NEU ODER RECYCLING 2.0.

Hin & weg: An Wochenenden und Feiertagen bringt der Maintalsprinter Radfahrer von Würzburg nach Ochsenfurt. Mehr Informationen über www.maintalsprinter.de

Dauer & Strecke: Für die leicht zu befahrenden 59 km sollte man 5 Std. einplanen, plus Zeit für eine Einkehr.

Beste Zeit: In den Sommermonaten. Achtung: Öffnungszeiten für eine Einkehr beachten

Ausrüstung: Ausreichend Wasser und Geld für eine Einkehr.

ABKÜHLUNG GEFÄLLIG?

… in den Erlabrunner Badeseen

#32

Wenn sich allein beim Lesen des Wetterberichts Schweißperlen auf der Stirn zeigen, bietet Erlabrunn die perfekte Lösung: Erst bei einer Radtour vom Fahrtwind kühlen lassen und anschließend die angenehmen Fluten der Erlabrunner Badeseen genießen.

#ZeitamSee #Baderadtour #Hitzekonter

Einfach ins kühle Nass abtauchen und dem heißen Sommertag für wenige Augenblicke entfliehen: Wer träumt nicht davon, wenn sich das Wetter wieder einmal von seiner sommerlichsten Seite zeigt? Die Abkühlung liegt nur 12 Kilometer von der Stadt entfernt und ist bei einer Radtour entlang des Mains ganz einfach zu erreichen: die Erlabrunner Badeseen.

Am Bahnhof wird gestartet, dann fährt man am Ringpark entlang und weiter auf die andere Mainseite. Spätestens auf Höhe des Würzburger Fußballvereins zum Radweg auf den Mainwiesen wechseln. Wie ein grünes Band aus Bäumen, Liegewiesen und Spiel- und Sportflächen ziehen sie sich am Flussufer entlang. Ein paar Jungs üben waghalsige Sprünge im Skatepark, und vielleicht erschnuppert man ein kleines, privates Grillfest, noch bevor es zu sehen ist.

Den bebauten Stadtbereich verlassen. Hinter den Bäumen und Büschen zur Linken kann man eine schroffe Felswand erkennen. Dann schließt sich das undurchdringliche Grün wieder, bis man die mächtigen Mauern des Klosters Oberzell erreicht.

Der Radweg führt zwischen Zell am Main und dem Mainufer entlang, bis man in Margetshöchheim auf die Uferpromenade wechselt. Am Ufer und im Wasser schaukeln hübsche

Boote, und vielleicht steuert gerade ein Ausflugsschiff der Weisen Flotte den Anleger im gegenüberliegenden Veitshöchheim an (Eskapade #25).

Vorbei an Gärten, Feldern und Obstbaumreihen taucht schließlich der erste der beiden Badeseen von Erlabrunn auf. Wer es ruhig und beschaulich mag, ist hier richtig. Andernfalls geht's weiter bis zum zweiten, größeren See.

Hin & weg: Fast alle Linien fahren zum Bahnhof.

Dauer & Strecke: Die einfache Strecke ist 12 km lang (jeweils ca. 40 Min.), an den kühlen Seen sollte man etwas Zeit verbringen.

Beste Zeit: An heißen Sommertagen.

Ausrüstung: Badesachen, Sonnencreme, Badetiere und Geld für den Gastronomiebereich.

Ein Highlight für die kleinen Badegäste ist schon seit jeher die Seilbahn, mit der man in einer rasanten Fahrt über das flache Wasser hinweg zu der Insel im Baggersee gelangt.

Über den Parkplatz gelangt man zu einem weiteren Eingang mit dem Gastronomiebereich.

Die ehemaligen Kiesgruben wurden bereits 1985 in kostenlose Badeseen umgewandelt, die von natürlichen Quellen gespeist werden. Um die etwa 7 Hektar großen Wasserflächen breiten sich weite Liegenwiesen aus, sodass an Land wie im Wasser genug Platz für alle da ist: Angeblich finden in dem Naherholungsgebiet zur Spitzenzeit weit über 10 000 Personen Platz. Wem nun endgültig heiß geworden ist: schnell abduschen und nichts wie ins kühle Wasser.

Hier findet man sich zwischen schwimmenden Einhörnern, Luftmatratzen und ausgelassen planschenden Badegästen wieder. Ein Stück weiter im See ziehen ambitionierte Schwimmer ihre Bahnen. Das Highlight für Kinder ist die Seilbahn, mit der man zu einer kleinen Insel fahren kann.

Wer bei der Hitze auch außerhalb des Wassers noch Bewegungsdrang verspürt, kann sich am Beachvolleyballfeld, an den Tischtennisplatten und auf dem Spielplatz austoben. Wer dann noch immer nicht genug geschwitzt hat, darf am Grillplatz zeigen, was er kann.

Und immer dann, wenn der Körper eine Abkühlung verlangt, ist der See nicht weit.

FAZIT: EINE ANGENEHME KOMBINATION AUS BEWEGUNG UND ABKÜHLUNG. PERFEKT FÜR HEIßE SOMMERTAGE.

INSEL-WANDERUNG

... über die Weininsel nach Sommerach

#33

Weinstöcke, Weinberge ... Weininsel. Wohin man auch blickt, sieht man Wein. Das wahre Ausmaß des Weinanbaus auf der Insel begreift man aber erst bei einer Wanderung zum Thema Wein. Zudem bietet sie beeindruckende Weitblicke und zahlreiche Aussichtspunkte.

#grenzenlos #Weinforever #Inselglück

Sommerach ist ein malerischer Weinort wie aus dem Bilderbuch: alte Häuser aus Naturstein oder Fachwerk und Wein (-güter) überall.

Eine ganze Insel, auf der fränkischer Wein gedeiht und damit die größte zusammenhängende Weinbergkette im Anbaugebiet Franken bildet? Ein Traum für jeden Weinliebhaber.

Rund um den Kreuzberg verteilen sich die riesigen Rebflächen, die sich etwa 100 Meter über den Main erheben. Diese Wanderung ist somit durch eher geringe Höhenunterschiede geprägt, und die Insel lässt sich ganz entspannt entlang der zahllosen Reihen aus Weinstöcken erkunden. Aussichtspunkte mit spektakulärer Weitsicht und hier und da ein Schlückchen des regionalen Tropfens runden die Tour ab.

Zwischen Escherndorf und Nordheim verkehrt eine kleine Fähre, mit der man schnell zur Weininsel übersetzen kann. Neben dem Anlieger liegt der kleine Nordheimer Strand mit seinen hübschen Strandkörben. Wer in den sonnenverwöhnten Weinbergen ins Schwitzen geraten sollte, kann sich im Anschluss schon einmal richtig auf eine angenehme Erfrischung freuen.

Der Weinort Nordheim ist schnell umrundet und die weiten Weinberge erreicht. Schnell verschwindet der Ort hinter den Reben und eine Symmetrie aus grünen Reihen breitet

Etappenziele der Wanderung: der Strandkorb am Mainufer und der Aussichtsturm über die Weininsel.

sich aus. Duftende Rosenstöcke wachsen entlang des Weges, ihr Weiß, Gelb, Rosa und Rot lockern das übermächtige Grün auf.

Hin und wieder flankiert ein Bildstock den Weg. Schattige Bänke oder Schutzhütten verleiten zu einer kleinen Pause und dazu, die Aussicht über die Insel hinweg auf das Umland zu genießen. Auch dort wächst vor allem Wein, in der Ferne lassen sich aber ebenso die Türme der prächtigen Abtei Münsterschwarzach erkennen.

Bald kommt Sommerach in Sicht. Eine kleine Runde durch den schönen Ort mit seinen hübschen Gassen und Häusern darf mit einem Gläschen Wein im Weinreich gekrönt werden (www.winzer-sommerach.de). Aber nicht übertreiben: Es ist noch ein gutes Stück zu laufen.

Auf breiten Wegen führt der Weg über die Weininsel hinweg zum Weinort Sommerach.

Vorbei an einer Weinbergskapelle und zwei großen Schaukeln inmitten der Weinberge erreicht man einen Aussichtsturm, der ein beeindruckendes Panorama garantiert – wenn das Wetter mitspielt. Bei geringer Steigung geht es weiter den Kreuzberg hinauf, bis der höchste Punkt und die beste Aussicht erreicht ist. Hier erläutern Tafeln mit Landschaftskarte die Orte und Weinlagen in der Ferne.

Nun geht es weiter zur Hallburg, die 1284 erstmals erwähnt wurde und sich für eine Einkehr eignet (mehr auf www.schoenborn.de unter Weingüter). Anschließend führt der Weg zurück in Richtung Nordheim, wo man mit etwas Glück einen Strandkorb am Main ergattern kann. Die Fähre zurück nach Escherndorf fährt im Sommer bis 20 Uhr. Genug Zeit, um das kühle Nass nach der anstrengenden Wanderung zu genießen.

Hin & weg: Mit der Linie 430 ab Bahnhof bis Kürnach mit der 8105 weiter bis Escherndorf/Rathaus. Oder mit dem Auto in Escherndorf kurz vor der Fähre parken.

Dauer & Strecke: Für die 14 km lange Wanderung sollte man 4,5–5 Std. einplanen. Anschließend kann man baden, bis die letzte Fähre ablegt.

Beste Zeit: Von Frühjahr bis Herbst ist es sehr schön im Weinberg. Zum anschließenden Baden sind die Sommermonate empfehlenswert.

Ausrüstung: Bequeme Schuhe und Kleidung, ausreichend Wasser, Geld für eine Einkehr und Badesachen.

FAZIT: UNBESCHREIBLICHE MASSEN AN WEIN, DIE MAN SELBST ERLEBT HABEN MUSS.

Zwitscher Stube

KUNSTTAGE

WO DIE KUNST ZU HAUSE IST

... in Sommerhausen

#34

Sommerhausen ist vielen als Künstlerort ein Begriff. Tatsächlich findet man hier etliche Galerien, Läden und Künstlerwerkstätten sowie Musik- und Theaterbühnen. Und das alles umgeben von einer alten, sehenswerten Befestigungsanlage und verwinkelten Gassen.

#Kreativwerkstatt #historischtrifftkünstlerisch #Kunstradtour

Sommerhausen ist ein Ort der Kreativen und der Kunstsinnigen. Auch der Ort selbst ist dank seiner alten Ortsummauerung, Türme und historischen Gebäude einen Besuch wert. Auf beiden Seiten des Mains verlaufen Radwege und machen eine Radtour in diese überdimensionale Kreativwerkstatt zu einem ebenso inspirierenden wie aktiven Tagesausflug.

Die Heiligen der Alten Mainbrücke flankieren den Beginn der Radtour, die zunächst bis Heidingsfeld führt. Hier ist ein kurzer Abstecher auf die Straße die bessere Wahl, da altes Kopfsteinpflaster für Radfahrer eher unangenehm werden kann.

Nach einem Kilometer auf den Radweg zurückkehren und bei leichter Brise am Main entlangfahren. In Winterhausen die Brücke

Sommerhausen ist umgeben von einer intakten Stadtmauer mit sehenswerten Türmen und besitzt viele Gebäude aus den 15. und 16. Jahrhundert. Überall im Ort kann man Kunst entdecken: in den Galerien und Kreativwerkstätten ebenso wie in Form leckerer Macarons auf dem Teller.

überqueren, und schon hat man Sommerhausen erreicht. Hier geht es nun zu Fuß weiter.

Am besten man sucht sich selbst einen Weg durch die verwinkelten Gassen und lässt seinem Forscherdrang freien Lauf. Wer dazu neigt, sich hoffnungslos zu verlaufen, kann auch der beschriebenen Tour folgen, die an vielen sehenswerten Gebäuden, Galerien und Türmen vorbeiführt.

Hübsch anzuschauen ist der Rumorknechtsturm mit seiner auffälligen Zwiebelhaube. Hier lebte einst der Rumorknecht, der im Ort für Ruhe und Ordnung sorgte. Unweit davon befindet sich die Galerie Im Mönchshof 29, die ihr Konzept auffällig an der Außenseite des Hauses präsentiert. Kunst, die fasziniert und zu einem Besuch verleitet.

Tipp: Um die Ecke lädt das Café Macaron zu einer Pause ein. Die frischen Macarons sind ein Genuss, den man sich nicht entgehen lassen sollte. Wie in einem französischen Café üblich, werden auch herzhafte Gerichte angeboten. Vielleicht befindet sich im Gewölbekeller außerdem gerade eine interessante Ausstellung, die man im Anschuss besuchen kann (www.malort-sommerhausen.de).

Vorbei am Rathaus, dem Schloss Sommerhausen und einem Laden für kunstvolle Scherenschnitte biegt man in eine begrünte Gasse ab, und läuft direkt an der Ortsbefestigung entlang. Unscheinbare Stufen und ein schmales, uriges Gässchen führen zum Flurersturm.

Die angrenzende Treppe führt hoch zum Aussichtspunkt. Vom Flurdenkmal in Form einer Schnecke kann man den Blick über Sommerhausen und Winterhausen schweifen lassen.

Wieder in den historischen Ortskern zurückkehren und erneut das schmale Gässchen entlangspazieren. Als käme man aus einer anderen Welt, tritt man nun wieder auf die normale Straße hinaus und kann im Laden Das Vogelhaus kreative, bunte Futter- und Nistplätze für Gartenbewohner bewundern.

Am Torturmtheater abbiegen und schon erreicht man wieder das Fahrrad. Der Rückweg führt über Eibelstadt und Randersacker, bis man nach diesem inspirierenden Ausflug schließlich wieder am Vierröhrenbrunnen angekommen ist.

FAZIT: KÜNSTLERISCH UND KREATIV – EIN AUSFLUG IN DIE WELT DER KUNST.

Hin & weg: Den Vierröhrenbrunnen erreicht man mit den Straßenbahnlinie 1, 3, 4 und 5.

Dauer & Strecke: Die Radtour ist etwa 28 km lang, der Spaziergang durch die Stadt etwa 2,5 km. Wer sich für Kunst interessiert und außerdem einkehren möchte, sollte mind. 5 Std. einplanen.

Beste Zeit: Frühjahr bis Herbst bei schönem Wetter, besonders zu Kunst- und Kulturevents. Aber auch der Weihnachtsmarkt ist unbedingt einen Besuch wert.

Ausrüstung: Wasser für die Radtour, Geld für eine Einkehr oder einen kunstreichen Einkaufsbummel.

EINMALIGER CHARME

… zwischen Kitzingen und Sulzfeld

#35

Ein Lost Place, der von Schafen bewohnt wird, ein unscheinbarer Erdwall, der einst die Schweden aufhalten sollte, und ein an Hollywood erinnernder Schriftzug: Nein, alltäglich sind die Attraktionen entlang dieses Weges wirklich nicht.

#Lostplacemagie #Mainhollywood #Mittelalterromantik

Wo einst die US-Truppen stationiert waren, kümmern sich heute Schafe um die Landschaftspflege.

Eine einfache Wanderung mit außergewöhnlichen Begegnungen: An der Eherieder Mühle bricht man zu diesem Abenteuer auf und läuft in den nahgelegenen Klingenwald. Breite Wanderwege und schmale Pfade schlängeln sich zwischen den Baumreihen hindurch.

Nach einem Abstecher zur nie versiegenden Quelle des Nonnenbrünnles erreicht man das ehemalige Militärgelände auf dem Klingenberg, das von 1945 bis 2006 einen US-Truppenübungsplatz beherbergte. Heute leben unterhalb des verlassenen Wachturms nur noch Schafe und Ziegen, die grasend über das Gelände ziehen.

Dann betritt man wieder den Wald, und könnte fast den unscheinbaren Wall neben dem Pfad übersehen: die Schwedenschanze. Der Name stammt aus der Zeit des Dreißigjährigen Kriegs, als die Schweden 1631 nach Kitzingen einrückten. Damals wurden viele der Schanzen zu Wehranlagen umgebaut, um Schutz vor den schwedischen Truppen zu bieten.

Der heilige Cyriakus soll vor Frost und schlechtem Wetter schützen und wacht als Schutzpatron der Winzer über den Weinberg.

An den Weinanbauflächen des Cyriakusbergs angekommen, kann man bis in den Steigerwald blicken. Der Weg führt ins Tal und steigt am gegenüberliegenden Hügel wieder hinauf. Hier breitet sich der weite Weinberg vor den Wanderern aus.

Goldene Felder liegen links des Weges, auf der rechten Seite summt und brummt es in den kleinen Wiesenflächen. Man erreicht das Viehwegshäusle, das auch als Sternwarte bekannt ist. Das Gebäude wurde Anfang des letzten Jahrhunderts im historischen Stil erbaut – allerdings nie zum Zweck einer Sternwarte. Aufgrund seiner exponierten Lage am Berg lässt sich an klaren Nächten der Sternenhimmel hier wunderbar beobachten. Und so bekam das Steinhaus seinen äußerst passenden Beinamen.

Kurz darauf kommt man in den bekannten Weinort Sulzfeld am Main. Vorbei an den Türmen der mittelalterlichen Wehranlage, den Ort mit seinem prächtigen Rathaus aus dem 17. Jahrhundert durchqueren. Wenige Meter weiter lädt das Gasthaus Zum Goldenen Löwen zu einer Einkehr ein (www.loewe-sulzfeld.de). Hat man das Obere Maintor passiert, sollte man unbedingt einen Blick auf die ganze Länge der Stadtmauer mit ihren imposanten Türmen werfen. Eine Straße führt hinauf zum Cyriakusberg, auf dem seit den 1970er-Jahren Wein angebaut wird.

Wenn man den Namen in überdimensionierten Lettern à la Hollywood vor sich aufragen sieht, hat man die bekannte Weinlage erreicht. Ein Stück weiter lernt man auch den Namensgeber kennen: Der heilige Cyriakus ist der Schutzpatron der Winzer.

Den Weinreihen folgen und bald darauf befindet man sich wieder im Klingenwald. Die Laubbäume gehen kurz in einen Nadelwald

---

Hin & weg: Mit dem Zug bis Kitzingen und jeweils zusätzliche 3,3 km laufen oder das Anruf-Sammel-Taxi der Linie 8103 nehmen. Oder mit dem Auto über Kitzingen zur Eherieder Mühle fahren (Parkplatz ca. 30 m hinter dem Grundstück).

Dauer & Strecke: Für die 13 km lange Wanderung sollte man mind. 3,5 Std. einplanen. Im mittelalterlichen Sulzfeld lohnt es, sich Zeit für eigene Erkundungen und einen Restaurantbesuch zu nehmen.

Beste Zeit: Ganzjährig. Besonders schön, wenn Wein und Getreide wachsen.

Ausrüstung: Feste Schuhe und wettergerechte Kleidung, ausreichend Wasser und Geld für die Einkehr.

Sulzfeld verfügt über eine mittelalterliche Ortsmauer sowie viele alte Gebäude und Türme.
Im Lauf des Sommers nimmt der zukünftige Frankenwein nach und nach Form an.

über, in dem die Vogelstimmen laut und weit durch den Wald zu hallen scheinen. Schmetterlinge tanzen am Weg entlang und ein aufgeschrecktes Reh sucht blitzschnell das Weite.

Wie schon zu Beginn wechseln sich breitere und schmalere Wege ab, bis schließlich wieder die Eherieder Mühle erreicht ist.

FAZIT: EINE WOLLIGE BEGEGNUNG, DIE MIT WEHRANLAGEN UND HOLLYWOODREIFEM WEIN UM PLATZ 1 KONKURRIERT.

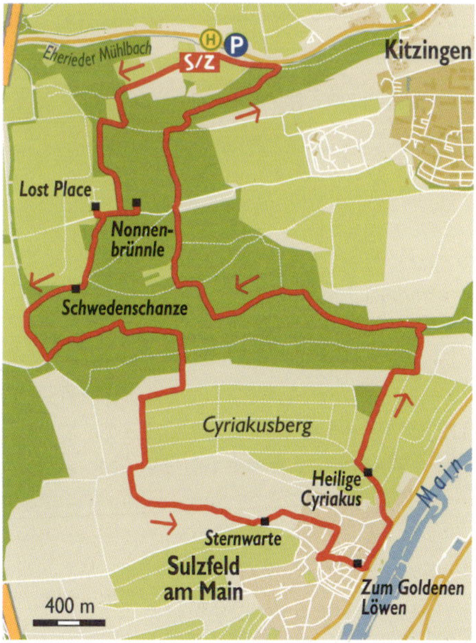

DIE WELT VON FRAU HOLLE

... bei Triefenstein

#36

Märchen sind Lug und Trug? Von wegen! Wer weder an Frau Holle noch an Kobolde glaubt, wird auf dieser Wanderung eines Besseren belehrt. Neben dieser überraschenden Offenbarung wartet außerdem eine märchenhafte Schlucht darauf, näher erkundet zu werden.

#märchenhaft #Walderlebnis #Wasserplätschern

Ein Ort, der die Fantasie beflügelt: eine steinerne Treppe im Wald vor einem überhängenden Felsen.

Märchen und Fabelwesen sind nicht allein Kindern vorbehalten. Auch Erwachsene können sie in den fantastisch-wilden Wäldern nahe Triefenstein hautnah erleben. Begleitet vom Zirpen der Grillen, folgt man dem Weg in Sichtweite des Mains und biegt dann in den Wald Natursymphonie ab. Der Weg ist gesäumt von Farnen und gelbem Springkraut. Die unzähligen Nadeln am Boden gleichen einem Teppich, der wie dichter Flor leicht unter den Füßen nachgibt.

Kurz vor dem Klingelsbachgraben behauptet ein Hügel von sich, die Neuenburg zu sein. Tatsächlich lassen zwei große Steinblöcke ein längst verschwundenes Bauwerk erahnen. Die Neuenburg – erbaut im 12. und 13. Jahrhundert – war nicht irgendeine Burg: nach lokaler Legende lebte hier einst Frau Holle. In Grimms Märchen lässt sie es schneien, wenn sie das Bett ausschüttelt, und sie belohnt fleißige Mädchen mit Gold. Grund genug, sich das Ganze einmal näher anzuschauen. Märchenhaftes Schneetreiben oder plötzlicher Goldregen sind allerdings nicht zu erwarten.

Zum Eingang in den Graben gehen, hier warnt ein Schild vor gefährlichen Abhängen. Bitte immer auf dem Weg bleiben! Der führt an einer Steinbrücke vorbei, die in jedem Märchen eine hervorragende Kulisse abgeben würde, und ein kleines Rinnsal fließt über die

herumliegenden Felsen. Auch über eine bemooste Felswand rieselt Wasser hinab, das zu einem plätschernden Bächlein anschwillt.

Dem Graben hinab ins Tal folgen und dort auf den schmalen Waldweg abbiegen. Dort führt wenig später eine ehemalige Treppe den Hang hinauf. Die Stufen sind inzwischen fast komplett verrottet, doch der Weg ist noch gut erkennbar. Knapp hinter einem überhängenden Felsen verlässt man das wilde Waldreich.

Unterhalb des Klosters Triefenstein weiterspazieren. Es wurde im 12. Jahrhundert auf dem Hügel gegründet und verbirgt sich hinter einer dichten Baumreihe oberhalb des Wegs. Sobald man die Mainseite gewechselt hat, kann man einen Blick auf den mächtigen Gebäudekomplex werfen.

Die enorme Größe des Komplexes lässt sich nur erahnen, da das Kloster Triefenstein fast komplett hinter den Bäumen verborgen ist. Einzig die beiden Türme kann man fast von jedem Standort erkennen.

Hat man Lengfurt, das Waldbad und den Campingplatz hinter sich gelassen, taucht man erneut in den Wald ein. Fast unbemerkt betritt man nun den Koboldwald: Kleine bunte Türen an den Bäumen verraten, wo die kleinen Fabelwesen leben. Die Suche nach einer Haustür wird immer wieder von kleinen Aufgaben unterbrochen, an denen vor allem Kinder ihren Spaß haben.

Nach Marktheidenfeld zurückkehren. Über die Alte Mainbrücke ist der Startpunkt der Tour wieder erreicht.

Tipp: Wer nach der ereignisreichen Wanderung eine Stärkung braucht, kann einen Stopp im Mainuferbiergarten einlegen, der mit märchenhafter Lage am Main einen hervorragenden Abschluss der Wanderung darstellt (www.mainuferbiergarten.de).

Hin & weg: Mit der Linie 8078 bis Marktheidenfeld ZOB und 800 m zum Startpunkt laufen oder mit dem Auto links nach der Alten Mainbrücke parken.

Dauer & Strecke: Für die 16 km lange Strecke sollte man 5,5 Std. einplanen.

Beste Zeit: Im Frühjahr und im Herbst fließt im Klingelsbach mehr Wasser, im Sommer ist der kühle Wald angenehm für eine Wanderung.

Ausrüstung: Feste Wanderschuhe, bequeme Kleidung, ausreichend Wasser und Geld für eine Einkehr.

FAZIT: EIN AUFREGENDES NATURERLEBNIS INKLUSIVE WESEN AUS MÄRCHEN UND MYSTISCHEN FABELN.

WASSER-SPIELE

… am Schweinfurter Baggersee

#37

Raus aus dem Alltag und rein ins kühle Nass: Ob Schwimmen, Tretboot fahren, auf einem SUP-Board über den See paddeln, Klettern oder Beachvolleyball spielen, der Schweinfurter Baggersee bietet mehr als nur ein erfrischendes Bad und Liegeflächen für Sonnenhungrige.

#abwechslungsreich #Baggerseeerfrischung #imSeeundumdenSeeherum

Wer möchte, kann sich ein Tretboot mit Rutsche mieten und damit den großen Baggersee unsicher machen. Alternativ kann man sich auch im Stand-Up-Paddling probieren.

Wenn das sommerliche Thermometer mal wieder versucht, sich selbst zu übertreffen, ist ein Tag am Baggersee genau das Richtige. Outdoor-Fans kommen am Schweinfurter Baggersee voll auf ihre Kosten und finden hier viele Möglichkeiten, sich auszutoben. Da wird das Sonnenbaden zum Lückenfüller zwischen noch aufregenderen Aktivitäten.

Mit unglaublichen 15 Hektar Liegewiese bietet der Baggersee genügend Fläche, sodass wirklich jeder einen passenden Sonnen- oder Schattenplatz finden kann. Zudem lädt die hervorragende Wasserqualität des 26 Hektar großen Sees Groß und Klein zum ausgelassenen Planschen ein.

Wem das nicht reicht, der kann sich am Beach Café ein Tretboot mit Rutsche mieten. Zu zweit oder in der Gruppe lässt sich damit ausgelassen über den See schippern und zwischendurch von der Rutsche ins erfrischende Wasser sausen. Oder man leiht sich ein Stand-

Langweilig wird es nicht, denn für Abwechslung ist gesorgt: neben Wassersport wartet zum Beispiel eine aufregende Runde im Kletterwald.

Up-Paddle-Board und paddelt damit über die große Wasserfläche.

Nur wenige Meter vom See entfernt wartet dann auch schon der schattige Kletterwald mit fast 30 Parcours und einer Gesamtlänge von 2,5 Kilometern auf mutige Kletterer, die Kraft und Geschicklichkeit unter Beweis stellen möchten (www.kletterpark-schweinfurt.de).

Geborene Grillmeister und solche, die es werden wollen, können nebenan am Grillplatz ihr Talent unter Beweis stellen. Wenn es mit dem Grillgemüse und dem Steak nicht klappt, findet sich am Beach Café eine große Auswahl von Pommes bis Schnitzelbrötchen oder auch ein leckeres Eis (www.baggersee-schweinfurt.de).

Nach einer kulinarischen Pause geht es hinter dem Café weiter, wo das Beachvolleyballfeld auf ballsportbegeisterte Teams wartet. Auch an die kleinen Besucher wurde gedacht und man hat einen schönen Spielplatz in Strandnähe errichtet.

Hin & weg: Mit dem Zug bis Schweinfurt und den Stadtbuslinien 12 und 62 bis Haltestelle Baggersee oder mit dem Auto am Baggersee parken (A70 Abfahrt Schweinfurter Hafen).

Dauer & Strecke: Am Baggersee kann man ein paar Stunden oder auch den ganzen Tag verbringen.

Beste Zeit: Warme Sommertage, an denen etwas Abkühlung willkommen ist.

Ausrüstung: Badesachen, Handtuch, Geld für eine Einkehr und kostenpflichtige Aktivitäten.

Zwischen all den sportlichen Aktivitäten gönnt man sich hier und da eine verdiente Pause auf dem Handtuch. Schließlich soll der Tag am See ja nicht in Stress ausarten. Dann heißt es relaxen oder den anderen beim Paddeln, Schwimmen und Planschen zuschauen. Und wenn sich die Sonne am Abend langsam dem Horizont nähert, kann man ganz entspannt vom Handtuch oder dem Beach Café aus den Sonnenuntergang beobachten.

FAZIT: EIN TAG AM SEE, DER BESUCHERN VIELES BIETET – AUßER LANGEWEILE.

VON BURG ZU BURG

… bei Gössenheim

#38

Burgen sind die Sinnbilder einer heroischen Zeit mit edlen Rittern und begehrten Burgfräulein. Doch an den meisten nagt der Zahn der Zeit. So auch an der Homburg. Die Kirchenburg in Aschfeld wiederum will so gar nicht in das übliche Bild einer Burg passen.

#Ruinenfaszination #Wehrkirchenanlage #Klischeeverweigerung

Wer an eine Burg denkt, hat meist einen alten, trutzigen Herrschaftssitz mit Zinnen, Türmen und einer mächtigen Burgmauer vor Augen. Dieses Klischee erfüllt sich bei dieser Tour allerdings nicht. Stattdessen erwartet den Wanderer eine Ruine, die durch ein wenig Fantasie wieder aufersteht, sowie eine eher ungewöhnliche Burgform: eine Kirchenburg.

Zu Beginn des Ausflugs führt der Weg zwischen Feldern und am Waldrand entlang. Man kreuzt ein Feld auf einem deutlich erkennbaren Trampelpfad, der am gegenüberliegenden Hang ein Stück bergan führt.

Hier taucht man nun vorübergehend in den Wald ein und erreicht eine Anhöhe mit einer herrlichen Weitsicht. Rechts ist die Burgruine der Homburg in der Ferne zu erkennen, links hinter den weiten Feldern liegt das Etappenziel Aschfeld.

Bald ist der Ort erreicht. Die Kirchenburg lässt sich dank des weithin sichtbaren Kirchturms nicht verfehlen. Die Bewohner Aschfelds suchten im Fall eines Angriffs innerhalb der mächtigen Mauern Zuflucht. Hinter zahlreichen Türen verbergen sich Vorratsräume, sogenannte Gaden, mit deren Hilfe sich die

Frische Luft und Bewegung machen durstig. Zum Glück liegt der Biergarten neben dem Ziel der Wanderung.

Dorfbewohner bei einer Belagerung versorgen konnten. Über Gassen und Treppen verlässt man den Ort wieder und passiert dabei einen alten Steinbruch. Anschließend ein geschütztes Trockengebiet durchqueren. Hier kann man von Mai bis August den stark gefährdeten Segelfalter beobachten.

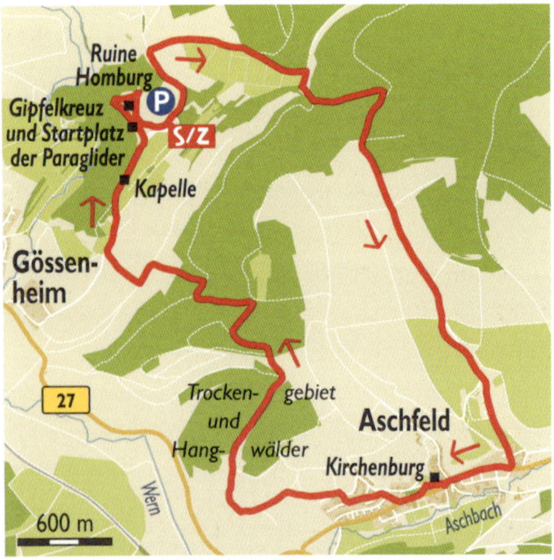

Anschließend spaziert man in den kühlen Wald hinein und folgt dem Zickzack entlang der weiten Baumreihen. Zwischen zwei Feldern hindurch kommt man zur Zufahrtsstraße, über die man den Startpunkt der Tour ansteuerte, und folgt ihr den Berg hinauf.

Vorbei an einer kleinen Kapelle und kurz vor dem Parkplatz nach links zur Burgruine Homburg abbiegen. Schnell ist das Gipfelkreuz erreicht, vor dem der Hang steil abfällt. Bei passenden Wind- und Wetterbedingungen kann man hier Paraglider beobachten, die über dem weiten Werntal schweben.

Nur wenige Meter weiter erwartet den Wanderer die Burgruine Homburg. Ihr Bau geht

In den sogenannten Gaden der Kirchenburg lagerten früher Vorräte für den Belagerungsfall.

zurück auf das 11. Jahrhundert, und sie gilt als eine der größten Burgruinen Deutschlands. Die Pfade durch die imposante Burg wecken gleichermaßen den Entdeckergeist und die Fantasie: Durch eines der alten Fenster blickt man in die Ferne, wie es vor langer Zeit wohl auch die Bewohner taten, und streift durch die verfallenen Räume, die einst mit Leben erfüllt waren.

Ein Pfad führt um die Burg herum. Er verdeutlicht die enorme Größe der Burganlage. Unterwegs bieten mehrere Aussichtspunkte eine herrliche Weitsicht. Dann erreicht man wieder den Parkplatz.

Tipp: Einen Stopp beim Schoppenfranz einlegen (www.schoppenfranz.de). Von dem hübschen Biergarten hat man einen schönen Blick über die Weinberge und auf das gegenüberliegende Waldstück.

Hin & weg: Mit dem Auto über Karlstadt und Eußenheim in Richtung Gössenheim, kurz davor in Richtung Burgruine Homburg abbiegen.

Dauer & Strecke: Für die 12 km lange Strecke sollte man mit Besichtigungen (Kirchenburg und Ruine Homburg) 5 Std. einplanen, plus Zeit für eine Einkehr.

Beste Zeit: Ganzjährig. Wer aber seltene Falter sehen möchte, sollte die Tour von Mai bis August machen.

Ausrüstung: Feste Schuhe, ausreichend Wasser und Geld für eine Einkehr.

FAZIT: WENN VORSTELLUNG AUF WIRKLICHKEIT TRIFFT, WIRD KLAR: BURG IST NICHT GLEICH BURG.

REIFE-PRÜFUNG

... entlang der Mainschleife

#39

Rot glänzende Äpfel, pralle Pflaumen, zuckersüße Trauben – der Spätsommer ist die Zeit des Überflusses. Bei einer Wanderung zwischen Weinbergen und Obstwiesen geraten all unsere Sinne ins Schwelgen.

#WanderungderSinne #Fruttiwalk #Erntezeit

Nirgends treffen Wein und Kunst so geschmackvoll aufeinander, wie im Hundertwasser-Weingut Hirn.

Spätsommer ist Erntezeit auf den Obstwiesen. Bei einer Wanderung entlang der Mainschleife kann man den Reifegrad der unterschiedlichen Sorten sehen, riechen und an mehreren Stationen entlang des Wegs auch schmecken.

Von Escherndorf verläuft die Route zunächst zwischen Maininsel und Vogelsburg am Weinberg entlang und kurz vor Astheim hinein in die Reihen der prallen Weiß- und Rotweintrauben. Man erreicht den Quittenladen und kann sich bei einem Gläschen süßem Quittensaft auf den anschließenden Quittenlehrpfad einstimmen (www.derquittenladen.de).

Oberhalb der Mainschleife geht's zwischen kleinen Parzellen mit zahllosen Obstbäumen hindurch. Pflaumen, Äpfel und Birnen sind bereits reif und verströmen einen betörenden Duft. Manche Früchte jedoch reifen deutlich später, ihre Erntezeit kann durchaus bis in den November reichen. Dazu gehören etwa die verschiedenen Quittensorten, die am Wegrand wachsen, aber auch die Mispeln,

Wie wird wohl der neue Jahrgang? Die prallen Weintrauben in den Weinbergen der Mainschleife bringen jeden Weinliebhaber zum träumen.

die sich trotz ihrer Größe sofort den Rosengewächsen zuordnen lassen - erkennbar an den hagebuttenähnlichen Früchten.

Vom Lehrpfad abzweigen und an den Schienen der Mainschleifenbahn entlanglaufen. Ein Pfad führt durch einen Weinberg in Richtung Vogelsburg, deren Mauern ab dem 13. Jahrhundert ein Kloster beherbergten. Heute findet man hier ein Hotel mit Restaurant und Tagungsräumen. Nach der Vogelsburg wieder in den Weinberg hineinlaufen. Wenig später stößt man erneut auf die Gleise der Mainschleifenbahn. Nach einem genauen Blick nach rechts und links überquert man die Schienen. Auf der anderen Seite wartet ein spektakulärer Aussichtspunkt über die weitläufige Mainschleife.

Nun geht es in den Wald des Naturschutzgebiets Mainhang an der Vogelsburg. Der Hang unterliegt nicht der fortwirtschaftlichen Nutzung. Überall entlang des schmalen Pfads liegt mit Moos überzogenes Totholz. Baumpilze und junge Pflanzen finden hier die perfekten Bedingungen.

Bald ist eine Straße erreicht und man wandert unterhalb des Weinbergs weiter nach Untereisenheim. Wie Girlanden wächst Wein

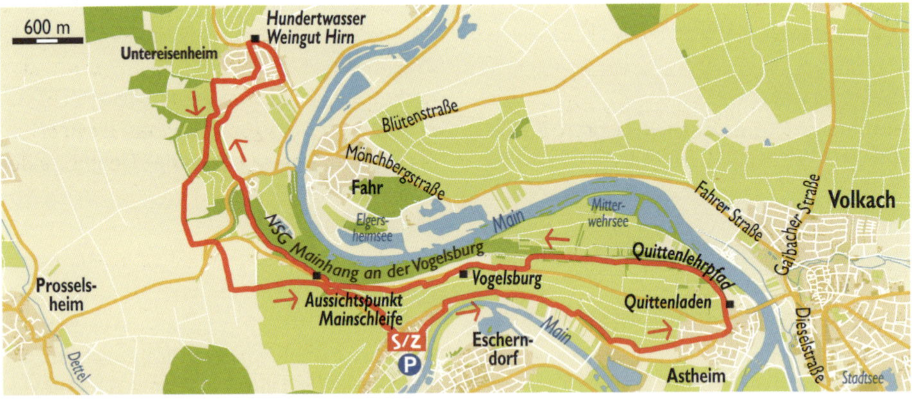

Die Vogelsburg ist mit ihrer imposanten Lage oberhalb der Weinberge immer einen Besuch wert.
Über den Streuobstwiesen liegt der verlockend-süße Duft reifer Früchte.

an gespannten Seilen über der Straße des alten Ortskerns und weist ihn somit unmissverständlich als Weinort aus.

Plötzlich fühlt man sich in ein Bild des Künstlers Friedensreich Hundertwasser versetzt. Das Weingut Hirn befindet sich in einem der wenigen Gebäude, die in dem außergewöhnlichen Stil des österreichischen Künstlers errichtet wurden. Hier lässt sich wunderbar eine Pause einlegen und nach dem Passieren der vielen Weinberge auch endlich das hervorragende Endprodukt probieren. Die Öffnungszeiten der Heckenwirtschaft sollten man am besten vorab prüfen (www.weingut-hirn.de).

Der Weg führt nun weiter durch Weinberge und Felder, und man überquert erneut die Gleise der Mainschleifenbahn. Neben den Stufen eines Weinlehrpfads finden sich bekannte und weniger bekannte Weinsorten, bis man am unteren Ende der Treppe wieder Escherndorf erreicht.

Hin & weg: Mit der Linie 430 ab Bahnhof bis Kürnach, mit der 8105 weiter bis Escherndorf/Rathaus. Oder mit dem Auto in Escherndorf parken.

Dauer & Strecke: Für die 15 km lange Wanderung sollte man mind. 5,5 Std. einplanen.

Beste Zeit: Vom Spätsommer bis in den Herbst, wenn die verschiedenen Obstsorten reif sind.

Ausrüstung: Bequeme Schuhe, wettergerechte Kleidung, Wasser und ein Snack für unterwegs, Geld für die Verkostung der leckeren Endprodukte.

FAZIT: SEHEN, RIECHEN UND SCHMECKEN ZUR ERNTEZEIT – EINE WANDERUNG FÜR ALLE FÜNF SINNE.

URWALD-FEELING

... bei Reichenberg

#40

Augen folgen den Wanderern auf Schritt und Tritt bei ihrem Weg durch das urwald-ähnliche Naturwaldreservat Waldkugel und den Guttenberger Forst. Sie stammen von wilden Tieren, die sich am Wegrand versammelt haben, um einen neugierigen Blick auf die Waldbesucher zu werfen.

#Naturwald #Mammutbaum #schützenswert

Eulen, Wildschweine, Eichhörnchen … Teilweise sind sie gut verborgen. Alle entdeckt?

Seit Jahrhunderten werden unsere Wälder kultiviert. Richtige Urwälder gibt es in Deutschland schon lange nicht mehr. Inzwischen werden jedoch wieder kleine Waldgebiete weitgehend sich selbst überlassen. Sie sollen seltenen Bäumen eine Heimat bieten und die Artenvielfalt erhalten. Eines dieser Waldstücke ist das Naturwaldreservat Waldkugel, das sich zusammen mit dem Guttenberger Forst bei einer ausgedehnten Herbstwanderung erkunden lässt.

Die Wanderung beginnt am Parkplatz des Naturwaldreservats. Schnell wird man vom weiten Wald umfangen und die Geräusche der zunächst noch nahen Straße werden merklich gedämpft.

Dem breiten Forstweg folgen und auf den schmalen Pfad in Richtung des Naturwaldreservats Waldkugel abbiegen. Hier nimmt das mit Moos überzogene Totholz am Wegrand deutlich zu, und wenn es geregnet hat, sprießen Pilzköpfe aus dem bunten Herbstlaub. Die alten Eichen in diesem Waldabschnitt sind Zeugnisse der früheren Bewirtschaftung. Inzwischen erobern sich die Buchen ihren Wald zurück. Neben ihnen gedeihen Edellaubbäume wie Ulmen, Speierlinge und Elsbeeren.

Ohne gezielte Bewirtschaftung des Waldes scheinen sich auch die Tiere sichtlich wohler zu fühlen: Mit etwas Glück entdeckt man Rehe zwischen den dicken Stämmen der zahllosen Buchen.

Der Wald sieht alles. Und nur wer ganz aufmerksam seine Umgebung beobachtet, kann all die wachsamen Augen des Waldes entdecken.

Das Naturwaldreservat verlassen, für einige Zeit den breiten Forstweg entlang spazieren und umgeben von einem idyllischen, ruhigen Wald und den fast schwerelos zu Boden gleitenden Blättern die Atmosphäre genießen. Hier kann einen auch schon mal ein Wildschwein erwarten oder eine wachsame Eule gebannt von ihrem erhöhten Beobachtungsposten entgegenblicken. Schon ist der Walderlebnispfad im Guttenberger Forst erreicht und man folgt dem Weg an einem riesigen Krokodil vorbei.

Hinter einem schützenden, hohen Zaun verbirgt sich ein junger Mammutbaum im Schatten seiner großen Nachbarn. Wie lange mag es dauern, bis er die anderen Bäume des Waldes überragt? In dem 17 Meter hohen Eichenturm, der auf einer große Lichtung steht, hat man die aktuelle Höhe des Bäumchens schnell überschritten und kann von mehreren Balkonen einen ungewöhnlichen Blick auf den Wald werfen. Trotzdem fällt es schwer, sich vorzustellen, dass der kleine Mammutbaum ein Vielfaches der Turmhöhe erreichen kann.

Hin & weg: Mit dem Bus 311 oder 312 von Haltestelle Reuterstraße bis Sommerrain oder mit dem Auto bis zum Parkplatz unterhalb der B19.

Dauer & Strecke: Je nach Interesse für die Lehrpfade sollte man für die 12 km mind. 4 Std. einplanen.

Beste Zeit: Wer den bunten Herbst erleben möchte, sollte den Wald zwischen September und Oktober besuchen.

Ausrüstung: Bequeme Schuhe, an die kühlen Herbsttemperaturen angepasste Kleidung, Wasser und ein Snack für unterwegs.

Vorbei an »wilden« Tieren geht es weiter bis nach Reichenberg. Den Ort durchqueren und auf einen Pfad unterhalb des Schlosses Reichenberg wechseln, dem man bis zum Ausgangspunkt der Wanderung folgt. Und wenn man dann die Heimreise antritt, gibt es sicher ein paar unsichtbare Augen, die den Reisenden hinterherblicken.

FAZIT: HERBSTWANDERUNG IN URWALDÄHNLICHEM WALD MIT UNERWARTETEN BEGEGNUNGEN.

BIS ZUM MARS

... bei Randersacker

#41

Wilde und gezähmte Natur, historische Orte und Aussichten mit Weitblick – all das findet man in den Hügeln rund um Randersacker. Auf der Wanderung geht es durch die Weinberge bekannter Lagen, verwunschene Wälder und ein Naturschutzgebiet für Entdecker.

#Weinberge #Winter #schöneAussicht #Entdeckertour

Die Rebhügel und Waldstücke rund um Randersacker sind das perfekte Ziel für einen tristen Wintertag. Der alte und traditionsreiche Weinort am Maindreieck ist vor allem für seine hervorragenden Weine der Lage Ewig Leben bekannt. Doch nicht nur die Weinberge sind ein lohnenswertes Ziel: Der winterliche Dornröschenschlaf verleiht der Landschaft und der Natur eine ganz besondere Stimmung. Nimmt man sich Zeit für eine längere Wanderung, kann man neben schlummernden Weinbergen auch märchenhafte Wälder, lebendige Streuobstwiesen und noch viele Schönheiten mehr entdecken.

Sowohl der Sonnenstuhlturm als auch Bänke am Wegesrand laden zu einer Pause mit Blick über die Weinberge und den unterhalb liegenden Main ein.

Los geht's an Balthasars Badewanne, einem ausgefallenen goldenen Brunnen oberhalb des Mainparkplatzes. Die Route führt mitten durch den hübschen alten Ortskern bis zur Weinbergskapelle. Die kleine neuromanische Kapelle steht in exponierter Lage am Berg und bietet eine schöne Aussicht über das Maintal.

An Weinbergen und Feldern entlang führt der Weg weiter. Teils hat man freien Blick auf die Bergflanke auf der gegenüberliegenden Talseite, teils ist der Weg von hohen Büschen und Hecken eingerahmt. Zwischen den kahlen Zweigen sind immer wieder leuchtend rote Hagebutten des letzten Herbsts und verwaiste Vogelnester zu sehen. Im Winter sieht man hier kaum Vögel, denn in der kalten Jahreszeit schätzen sie den Futterreichtum, den sie in Menschennähe finden. Sobald man aber die

Noch befinden sich die Weinreben in einem tiefen Winterschlaf und erst die wärmende Frühlingssonne wird ihnen wieder Leben einhauchen.

alten Streuobstwiesen vor Gerbrunn erreicht, schwirren unüberhörbare Scharen von Meisen, Tauben, Eichelhähern und Co. durch die Luft.

Nach einem kurzen Intermezzo in der Zivilisation betritt man das Naturschutzgebiet Marsberg-Wachtelberg. Am Fuß des Berges beginnt ein mystischer Urwald, in dem dichtes moosbedecktes Unterholz zwischen den Bäumen wuchert. Der angenehme Duft der hier überwiegend wachsenden Kiefern begleitet die Wanderer bis hoch zum Waldrand auf der Bergkuppe.

Der obere Teil des Schutzgebietes verführt zu einem archäologischen Streifzug. Lange Zeit wurde hier Quaderkalk abgebaut, der auch beim Bau der Festung Marienberg verwendet wurde. Über den gesamten Berg verteilt kann man alte Gruben und Mauerreste entdecken, die in der jüngeren Vergangenheit um einige Steintürmchen ergänzt wurden.

Das letzte Ziel ist das Terroir F. Hier markiert der Sonnenstuhlturm einen von Frankens besonderen Weinbauorten. Interessierte erfahren hier viel zu den Themen Wein und Geologie, denn der spezielle Boden der Region verleiht dem Frankenwein sein einzigartiges Aroma. Grandios ist vor allem auch die Aussicht, die entlang des Maintals bis zur Festung Marienberg reicht.

Der Rückweg nach Randersacker führt in weiten Serpentinen durch den Weinberg. Die Sortenschilder der Weingüter lesen sich dabei wie eine Weinkarte für die anschließende, wohlverdiente Einkehr, etwa im Weinhaus Ewig Leben (www.trockene-schmitts.de).

Hin & weg: Mit dem Bus bis Randersacker Haltestelle Maingasse oder das Auto auf dem Mainparkplatz parken.

Dauer & Strecke: Busanreise 20 Min., Gehzeit für die Wanderung 4 Std., plus mind. 1 Std. zum Entdecken, ca. 15 km.

Beste Zeit: Wer die Natur im Winterschlaf erleben möchte, nutzt einen trockenen Wintertag.

Ausrüstung: Wettergemäße Kleidung und feste Schuhe, Geld für die Einkehr.

FAZIT: LANGE, ABER KURZWEILIGE WINTERTOUR FÜR ENTDECKER UND LIEBHABER VON SPEKTAKULÄREN AUSSICHTEN.

3. KAPITEL MINIURLAUB

#44

#43

(K)EINE PARTIE SCHACH

#42

#50

#52

#49

#45

#46

VERBORGEN IM WALD

VOLL GRÜN

#48

#51

#47

Ferien für ein Wochenende

Mit dem Kanu die Tauber entlang oder vom Baumhaus die Umgebung erkunden – die Region um Würzburg bietet viele Möglichkeiten für großartige Wochenenderlebnisse.

36H

HOCHSTIFT
WÜRZBURG
HIER AN DIESEM ORT
STIESSEN BIS ZUR
SÄKULARISATION 1803
DIE 3 TERRITORIEN
VON WÜRZBURG, BAMBERG
SOWIE SACHSEN-COBURG
ZUSAMMEN
DREILÄNDERSTEIN

GRENZ-GÄNGER

… zwischen Haßberge und Steigerwald

#42

Wo die Naturparks Haßberge und Steigerwald aufeinandertreffen, liegen die Mainauen. Nur sie trennen die zwei Naturparadiese, in denen Wanderer wie Radfahrer die Qual der Aktivitätenwahl haben: Wälder durchstreifen, Burgruinen bestaunen oder kleine malerische Dörfer entdecken? Alles ist möglich.

#Auenland #BierundWein #zwischenRuinenundWiesen

Haßberge und Steigerwald – beide Naturparks sind beliebte Ziele für aktive Kurzurlauber. Aber warum für einen entscheiden, wenn man auch beide haben kann? Haßfurt und seine umliegenden Ortschaften am Main locken nicht nur wegen der malerischen Mainauen oder der zahlreichen Brauereien und Heckenwirtschaften. Natürlich sind auch die Sehenswürdigkeiten – darunter die beeindruckende Ritterkapelle in Haßfurt oder das Zeiler Käppele, das über dem gleichnamigen Ort thront – durchaus einen Besuch wert.

Getrennt vom Main mit seinen Mainauen warten die Regionen Haßberge und Steigerwald mit malerischen Ortschaften, weiten Feldern und ausgedehnten Wäldern auf.

Für Aktivurlauber liegen die Orte strategisch günstig, direkt an der Grenze zwischen den aufregenden Kultur- und Naturerlebnissen.

Wer morgens anreist, kann den Tag sehr schön für eine abwechslungsreiche Tagesradtour in den nördlichen Steigerwald nutzen. Sie führt entlang der vogelreichen Mainauen und durch malerische, kleine Ortschaften wie Zell am Ebersberg. Nach einem Abstecher in den Wald folgt eine lange Abfahrt nach Dippach.

Etwas abseits des Ortes kann man vor allem im Frühling das Treiben in der Graureiherkolonie beobachten. Und wenn man es schafft, sich von dem Naturschauspiel loszureißen, geht es weiter nach Eltmann. Hier lädt das Mainkiosk direkt am Radweg zu einem Stopp ein. Leckere selbstgemachte Kuchen und eine gemütliche Pause am Main hat man sich nach gut zwei Dritteln der Strecke durchaus verdient.

Bevor man wieder Haßfurt erreicht, wird das hübsche Zeil am Main mit seinen wunderschönen Fachwerkhäusern durchquert. Für die 48 Kilometer lange Radtour sollte man mindestens 5 Stunden einplanen.

Am zweiten Tag wechselt man dann vom Drahtesel in die Wanderschuhe, um von Zeil am Main in die südlichen Haßberge zu wandern. Zunächst marschiert man am Ortsrand entlang, bevor der Weg in den lichten Wald abbiegt. Ein Bächlein plätschert lustig am Wegrand, bis nach 5 Kilometern der Dreiländerstein erreicht ist. Er markiert die Grenze der Bistümer Bamberg und Würzburg mit dem Herzogtum Sachsen-Gotha.

Der idyllische Bischofsheimer See lädt zu einer Rast ein, dann verläuft die Route erst durch den Wald und dann zwischen den Feldern entlang zur Ruine Schmachtenberg. Die alten, hohen Mauern und ein noch gut erkennbarer Turm wachen über dem Main und bieten eine spektakuläre Fernsicht.

Ein Stück des Weges wieder zurückgehen und zum Zeiler Käppele abbiegen. Die eindrucksvolle Kapelle liegt oberhalb des Ortes Zeil am Main, zu dem man über den alten Kreuzweg wieder hinabsteigt.

Noch nicht genug? Die Möglichkeiten im Grenzgebiet der Naturparks sind vielfältig und es gibt eine umfangreiche Tour-Auswahl.

FAZIT: DAS GRENZGEBIET DER NATURPARKS IST IDEAL, UM DEN AKTIVEN MINIURLAUB ABWECHSLUNGSREICH ZU GESTALTEN.

Hin & weg: Entweder mit dem Auto über die Autobahnen A7 und A70 oder mit dem Zug ab Würzburg bis Haßfurt.

Dauer & Strecke: Zwei Tage sollte man sich für das Grenzgebiet zwischen den Naturparks auf jeden Fall Zeit nehmen.

Beste Zeit: Die Monate März bis Mai sind perfekt, um die ersten warmen Sonnenstrahlen zu nutzen oder die Graureiher beim Brüten zu beobachten.

Ausrüstung: Bequeme, wettergemäße Kleidung und feste Schuhe.

Wenn es Nacht wird: Erschöpft von den Aktivitäten des Tages? Ein bequemes Bett und ein stärkendes Frühstück findet man im Hotel Walfisch, das zentral in Haßfurt liegt (www.hotel-walfisch-hassfurt.de).

AUF SINNSUCHE

... im Sinngrund

#43

Weite, saftige Wiesen erstrecken sich entlang des Naturschutzgebiets Sinngrund, durch das sich das gleichnamige Flüsschen schlängelt. Ein Ort voller versteckter Highlights in Purpurrot. Wer ganz genau hinschaut, kann sie entdecken, die seltenen Schachblumen.

#Idyllepur #Schachblumen #Rarität

Das Naturschutzgebiet Sinngrund liegt in einem langen Tal, das von ansteigenden Wäldern eingerahmt wird. Die Kulisse mit großen, artenreichen Wiesenflächen und die plätschernde Sinn locken fast das ganze Jahr über Radfreunde und Wanderer an. Vor allem zwischen April und Mai kommen alle nur aus einem Grund: der Schachblumenblüte. Denn im Sinngrund kommen die Liliengewächse noch vergleichsweise häufig vor. Das sollte jedoch nicht darüber hinwegtäuschen, dass die Schachblume stark gefährdet ist.

Den Reiz des Flusstals erlebt man an besten während einer Radtour. Die Steigungen sind gering, sodass sich die Landschaft und die malerischen Ortschaften auf der Strecke in aller Gemütlichkeit genießen lassen.

Wer bequem mit dem Zug nach Rieneck anreist, kann direkt am Bahnhof starten. Nach etwa zwei Kilometern erreicht man das Hotel Gut Dürnhof, das idyllisch an einem kleinen See liegt. Wer hier ein Zimmer gebucht hat, darf schon einmal das Gepäck abstellen. Bei

Entlang des Flusses Sinn reihen sich malerische Orte wie Obersinn auf, die zu einer kleinen Erkundung einladen. Auch die wolligen Bewohner des Sinngrunds heißen Besucher lautstark willkommen.

einer Anreise mit dem Auto kann man hier parken und die Radtour am Hotel beginnen.

Zunächst der heiter plätschernden Sinn folgen und den Blick genüsslich über die weiten blühenden Wiesen schweifen lassen: Immer wieder kann man vereinzelt die purpurfarbenen Blüten der seltenen Schachblumen auf der Wiese entdecken.

Man erreicht die Wasserburg von Burgsinn, die von einer kleinen Parkanlage eingerahmt wird. Anschließend folgt man dem Radweg bis Mittelsinn und kommt wenig später nach Obersinn. Ein kurzes Stück der Straße folgen, dann unterhalb eines Viadukts auf den Radweg zurückkehren. Hier wachsen besonders viele Schachblumen und es lohnt, sich ihnen während einer kleinen Pause zu widmen.

Umgeben von einer schön angelegten Parkanlage mit Teich lohnt es sich, das Wasserschloss von Burgsinn einmal zu umrunden.

In Altengronau überquert man die Alte Brücke und hat den Umkehrpunkt der Tour erreicht. Nach einer rasanten Abfahrt zurück zum Viadukt fährt man zunächst auf der noch unbekannten Seite der Sinn weiter. Der Weg verläuft nun etwas oberhalb des Flusses durch einen märchenhaften Wald und wechselt bis Rieneck immer wieder auf bereits bekannte und beschrittene Abschnitte.

Am zweiten Tag bietet sich eine Wanderung entlang des Fließenbachs an. Die Tour beginnt an der Burg Rieneck, die im 12. Jahrhundert erbaut wurde. Nach etwa 1 Kilometer hat man den Waldrand erreicht. Der Weg verläuft jetzt am Bach entlang zum Rienecker Waldlehrpfad, der oberhalb des mäandernden Bachs zu einem riesigen Insektenhotel führt. Im April summt es hier nur vereinzelt, doch mit steigenden Temperaturen wird das Hotel zahllose Gäste anziehen. Nebenan steht das Wassererlebnishaus, das vor allem für Kinder interessant ist.

Es geht weiter in den Wald hinein. Ein Lüftchen lässt die noch kleinen Blätter der Bäume rauschen und Eichelhäher hüpfen geschäftig von Ast zu Ast. Nach einem Anstieg erreicht man erst das Rote und dann das Weiße Kreuz. An der Schutzhütte Weißes Kreuz abbiegen und dem Weg zurück bis Rieneck folgen.

FAZIT: SAFTIGE WIESEN, LICHTE WÄLDER, PLÄTSCHERNDE WASSERLÄUFE – EIN ZIEL NICHT NUR FÜR BLUMENFREUNDE.

Hin & weg: Mit dem Zug am Würzburg bis Rieneck fahren, mit dem Auto über die B26 bis kurz nach Gemünden und dann in Richtung Sinngrund abbiegen.

Dauer & Strecke: Für eine entspannte Radtour mit Stopps an den Wiesen und der Wasserburg sollte man für die 51 km mind. 5 Std. einplanen. Die Wanderung ist 13 km lang, man sollte sich 3,5–4 Std. Zeit nehmen.

Beste Zeit: Die besten Chancen auf blühende Schachblumen hat man im Frühling von Mitte April bis Anfang Mai.

Ausrüstung: Fahrrad und Wanderschuhe, genug Wasser für die Touren und Snacks für unterwegs, Geld für eine Einkehr, z. B. im Cafffe'3 in Obersinn. (www.facebook.com/Cafffe3).

Wenn es Nacht wird: Nicht nur die Lage zeichnet das Hotel Gut Dürnhof aus. Nach den Aktivitäten des Tages ist es auch die richtige Adresse für eine ruhige Nacht (www.mein-hotel.info).

KINDHEITS-TRAUM

… einen Traum in Gräfendorf erfüllen

#44

Es ist ein typischer Kindheitstraum: ein Baumhaus. Wenn der Traum selbst nach all den Jahren, in denen man die Kindheit scheinbar hinter sich gelassen hat, nicht verfliegen will, wird es Zeit ihn auszuleben.

#besserspätalsnie #Baumhausliebe #plätscherndesWasser

Wer kennt ihn nicht, den kindlichen Traum vom eigenen Reich hoch oben in den Ästen eines stattlichen Baumes? Für die meisten blieb es für immer ein Traum. Bis heute. Denn am nördlichen Rand des Spessarts kann man den Kindheitstraum mit ein wenig Verspätung wahr werden lassen. Wie heißt es so schön: besser spät als nie.

Rund um das Baumhaushotel locken der Spessart und die nahe Rhön mit zahllosen Möglichkeiten, aktiv zu werden. Bei einer frühzeitigen Anreise kann man zu einer längeren Wanderung ins Schondratral aufbrechen und in Form einer Doppel-Acht die Flussseiten wechseln. Auf den Holzstegen erlebt man das Rauschen und Gurgeln der Schondra hautnah, und trotzdem entgeht den Wanderern nichts von dem idyllischen Schutzgebiet.

Bei der Wanderung zu dem Kleinod der Region, dem Tretstein-Wasserfall, kann man am Wegesrand einige kunstvolle Holzschnitzereien in Bäumen und auf Baumstümpfen entdecken.

Die Tour beginnt in Gräfendorf. Die Geräusche des Orts bleiben zurück, während das Zwitschern der Vögel und das Zirpen der Grillen stetig anschwellen. Die Wege verlaufen zu beiden Seiten der Schondra. Mal ist das Flüsschen dem Weg ganz nah und man kann dem lustigen Plätschern lauschen, mal weitet sich das hübsche Tal, um Platz für saftige Wiesen zu schaffen.

Am letzten Steg – dem Schondra-Steg – hat man den Umkehrpunkt der Wanderung erreicht. Nun erwandert man die noch fehlenden Abschnitte, bevor man nach 18 Kilometern schließlich wieder Gräfendorf erreicht.

Die Schondra immer wieder zu überqueren ist ein sehr schöner Aspekt der Wanderung, aber es ist auch Vorsicht geboten: Vor allem die Verbindungsstücke zwischen den Hauptwegen und den Stegen sind nach Regenfällen oft matschig. Hat es stärker geregnet, kann man die Überquerungen auch weglassen oder aus der Wanderung eine kurze Radtour machen.

Hin & weg: Ab Würzburg über die B26 nach Gemünden und der Ausschilderung bis Gräfendorf folgen. Durch den Ort fahren und nach links zum Baumhaushotel abbiegen.

Dauer & Strecke: Wanderung im Schondratal: 18 km, ca. 5 Std.; Wanderung zum Tretstein-Wasserfall: 5 km, ca. 1,5 Std.

Beste Zeit: Wenn die ersten heißen Tage des Jahres anbrechen, ist eine Abkühlung während dieser waldreichen Touren genau das Richtige.

Ausrüstung: Feste Wanderschuhe und eine Regenjacke gegen Wärmegewitter, ausreichend Wasser und ein Snack.

Wenn es Nacht wird: Das Baumhaushotel ist ein hervorragender Stützpunkt für aktive Unternehmungen in der Region (www.das-baumhaushotel.de).

Nach einer traumhaften Nacht in einem der fantastischen Baumhäuser und einem leckeren Frühstück kann man als Hotelgast die Abkürzung über den Waizenbach nehmen und dem Weg zum Tretstein-Wasserfall folgen.

Entlang des Weges ruhen die wachsamen Augen kunstvoll geschnitzter Holzfiguren auf den Wanderern und es bedarf einiger Aufmerksamkeit, um sie alle zwischen und in den Bäumen zu entdecken. Nach einem kurzen Marsch durch den Wald hat man den Wasserfall erreicht, der sich über eine Steinplatte auf die Ebene darunter ergießt und in kleinen Kaskaden über den rauen Fels weiterströmt.

Wenn man sich von diesem Kleinod losreißen kann, überquert man erneut den Bach, läuft oberhalb nach Gräfendorf weiter und von dort zurück zum Baumhaushotel.

Wer noch nicht genug hat oder eine alternative Tour sucht, dem bietet sich wenige Kilometer entfernt die hochprozentige Tour aus Eskapade #24.

Die Region ist ideal für aktive Unternehmungen und die Erfüllung eines Kindheitstraums.

FAZIT: ERFÜLLTER KINDHEITSTRAUM PLUS AKTIVE AUSZEIT: PERFEKTER MINIURLAUB

STADT, LAND, FLUSS

… im Taubertal bei Tauberbischofsheim

#45

Malerisch liegt die Gamburg über der Tauber und vom Bismarckturm kann man die Altstadt von Tauberbischofsheim überblicken. Gleichzeitig zieren weite Wälder und summende Wiesen die Flanken des Taubertals. Eine Tour zwischen alten Mauern und durch ein Naturparadies.

#Naturgenuss #Stadtpanorama #Burgzauber

Das liebliche Taubertal rund um Tauberbischofsheim ist ein grünes Paradies aus weiten Wäldern, saftigen Wiesen und Weinbergen, das von einem Netz aus Wanderwegen durchzogen ist. Kombiniert man die körperliche Betätigung mit einigen Kulturhighlights der Region, verspricht es ein abwechslungsreicher Miniurlaub zu werden, dessen Tage man wegen der sommerlichen Hitze zeitig beginnen sollte.

Bereits am Anreisetag lässt sich die morgendliche Kühle ausnutzen – am besten direkt zu der längeren Tour zur Gamburg und dem Apfelberg aufbrechen. Der Dunst liegt über der Landschaft und die Spinnennetze zwischen den Getreidehalmen scheinen aus glitzernden Perlenschnüren gesponnen zu sein. Auch im Wald hängt noch der Nebel und entfernte Details nehmen erst beim Näherkommen scharfe Konturen an.

Bevor man den Wald bei Niklashausen verlässt und an der kleinen Dorfkirche vorbeigeht, kann man die Tauber im strahlenden Sonnenschein überqueren. In einem weiten Bogen folgt man ihrem Verlauf und biegt dann zur Gamburg ab. Der Weg ist zwar steil, aber nicht sehr lang. Das Buschertürmle bietet trotzdem einen guten Grund für eine willkommene Verschnaufpause, bevor man das Tor erreicht. Die Burg mit ihrem hübschen Barockgarten und den einzigartigen Barbarossa-Fresken

stammt aus dem 12. Jahrhundert. Nachdem die Anlage rund um den mächtigen Bergfried bestaunt wurde, lädt das herrlich gemütliche Café auf der Burgterrasse zum Verweilen ein (www.burg-gamburg.de).

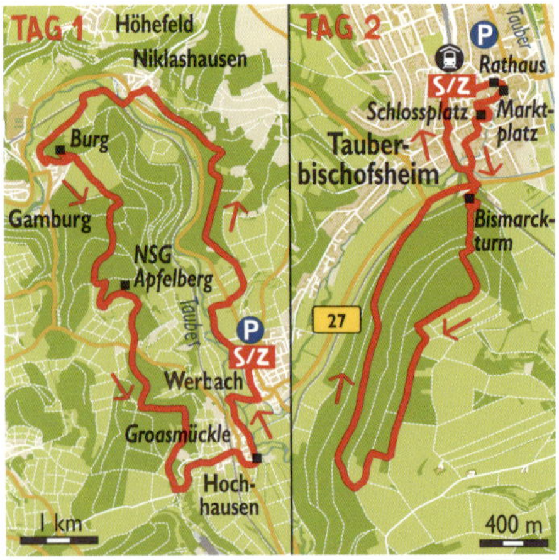

Entlang der Felder geht es wieder in den Wald und man biegt zum Naturschutzgebiet Apfelberg ab. Ein schmaler Pfad führt in einem Bogen über die Hügelkuppe. Überall summen dicke Hummeln und andere wilde Insekten über die artenreichen Wiesen mit all ihren herrlichen seltenen Pflanzen.

Der Waldweg geht in einen breiten Hohlweg über und entlang einiger rot leuchtender Kirschbäume erreicht man Hochhausen. Hier kann man sehr schön im Biergarten Groasmückle einkehren. Anschließend ist es nicht mehr weit und man erreicht den Ausgangspunkt in Werbach.

Nach einer erholsamen Nacht lohnt sich ein Abstecher nach Tauberbischofsheim. Vom Bahnhof aus erkundet man die Altstadt mit dem sehenswerten Marktplatz und schlendert

Tauschbischofsheim hat eine sehenswerte Altstadt mit Gebäuden aus unterschiedlichen Jahrhunderten. Einen schönen Perspektivwechsel erlebt man vom Bismarckturm.

durch die hübschen Gassen mit den Fachwerkhäusern weiter zum Kurmainzischen Schloss. Hier dominiert vor allem der 37 Meter hohe Bergfried aus dem 13. Jahrhundert das Bild. Das Schloss selbst ist etwa 300 Jahre jünger.

Die Stadt in Richtung Höhberg verlassen, schon nach wenigen Minuten kommt man zum Bismarckturm. Vom Fuß der Feuersäule aus hat man eine herrliche Sicht über die Altstadt von Tauberbischofsheim.

Der Weg führt weiter bergauf zum Waldrand. Von hieraus lässt es sich über die Weinberge weit ins Taubertal blicken. Um die weitläufige Bergkuppe herum wieder zurück nach Tauberbischofsheim laufen und im Anschluss auf ein erlebnisreiches Wochenende zurückblicken.

Hin & weg: Werbach erreicht man mit dem Auto über die A81 bis Ausfahrt Tauberbischofsheim und weiter bis Werbach.

Dauer & Strecke: Für die 19 km lange Wanderung zur Gamburg sollte man mit Besuch der Burg 6,5 Std. einplanen. Für die 7 km lange Stadttour durch Tauberbischofsheim mit Abstecher auf den Höhberg sind etwa 2,5 Std. notwendig.

Beste Zeit: Am besten an einem sonnigen Wochenende zwischen April und Oktober, dann kann die Gamburg besichtigt werden kann.

Ausrüstung: Feste Schuhe und bequeme Kleidung, ausreichend Wasser und ein Snack für unterwegs, Geld für eine Einkehr und den Besuch der Gamburg.

Wenn es Nacht wird: Das Belle Maison in Werbach verspricht Ruhe und Entspannung nach einem aktiven Tag (www.belle-maison-hotel.de).

FAZIT: EIN WOCHENENDE LANG ZWISCHEN ALTEN MAUERN UND BÄUMEN WANDELN.

VERSTECKEN SPIELEN

... nahe Hüttenheim

#46

Nahe Hüttenheim wartet so manches Highlight darauf, entdeckt zu werden, das im weiten Wald verborgen ist. Vielleicht hilft beim Finden der Aussichtsturm mit seinem Weitblick über das grüne Meer. Doch auch der will erst einmal gefunden werden.

#suchmich #Panoramaweitblick #hinterBäumen

Platz mit Aussicht: von der Kunigundenkapelle hat man einen unvergleichlichen Weitblick.

Der Wald birgt so manches Geheimnis, und manchmal ist man überrascht, was sich unauffällig hinter den Bäumen versteckt. Auch nahe Hüttenheim kann man so manche Entdeckung machen. Ruinen, Türme und ein alter Steinbruch sind die Mitspieler und wollen gefunden werden. Wanderer erwartet aber auch der ein oder andere spektakuläre Aussichtspunkt über die weite Landschaft.

Am Anreisetag kann man bei einer Wanderung den Wald rund um den Bullenheimer Berg und den Tannenberg nach versteckten Überraschungen durchforsten. Dafür durchquert man die größte Kirchenburg Frankens, die den Bauern im Fall einer Belagerung als Fluchtburg diente, und erreicht nach einem Kilometer den jüdischen Friedhof. Dieser wurde 1938 von Nationalsozialisten zerstört, jedoch etwa zehn Jahre später wiederhergestellt.

Vorbei an Wein, Wiesen und Feldern erreicht man den Waldrand und folgt dem Weg in den angenehmen Schatten der Bäume.

Innerhalb der Mauern der Kirchenburg liegen unzählige Vorratsräume für Belagerungszeiten, die Gaden.

Ein schmaler Pfad führt den Bullenheimer Berg hinauf. Nach einem kurzen Fußmarsch erreicht man den großen Aussichtsturm inmitten des Blättermeeres. Den Stufen folgend, gelangt man anschließend zur schönen Kunigundenkapelle. Sie wurde im 30-jährigen Krieg zerstört, ist aber wegen ihrer exponierten Lage am Berg und der wirklich herrlichen Aussicht bis in das ferne Maindreieck einen Besuch wert.

Den Wald verlassen und man erreicht den Weg oberhalb des Weinbergs. Kurz darauf kann man die Wanderung für eine Pause in der schön gelegenen Weinparadiesscheune unterbrechen (www.weinparadies-scheune.de). Anschließend dem Weg weiter folgen, bis ein Pfad zurück in den Wald führt. Nach einem kurzen Aufstieg findet man sich inmitten eines alten Steinbruchs wieder und läuft auf einem Forstweg weiter. Schließlich verlässt man den Wald und wandert durch die Weinlage des Hüttenheimer Tannenbergs den gleichnamigen Hügel hinauf. Oben erinnert ein großes Holzkreuz an die Deutsche Einheit und markiert einmal mehr eine spektakuläre Aussicht. Auf dem Weg zurück nach Hüttenheim lohnt sich ein Stopp am Kneipp-Becken, das nach der 14 Kilometer langen Wanderung eine wahre Wohltat für die müden Füße darstellt.

Am nächsten Tag geht's mit dem Auto oder am Wochenende mit dem Bocksbeutel-Express der Linie 109 zum Schloss Frankenberg. Etwas oberhalb des Schlosses liegt hinter Bäumen versteckt die eindrucksvolle Ruine der Burg Hinterfrankenberg.

An einem alten Friedhof vorbei wandert man im Wald weiter. Im Juli sind hier viele Falter unterwegs, die Wanderer manchmal in großer Zahl umflattern. Aber auch Rehe spielen hier gern mit Menschen Verstecken und mit ein wenig Glück entdeckt man sie. Auf gold leuchtende Felder abbiegen und anschließend ein kurzes Waldstück durchqueren - und man ist wieder zurück am Schloss und erfolgreicher Sieger des Versteckspiels.

FAZIT: HERRLICHE WEITBLICKE UND TOLLE HIGHLIGHTS ZUM ERWANDERN.

Der jüdische Friedhof wurde im 2. Weltkrieg zerstört. Der Aussichtsturm ist an Sonn- und Feiertagen geöffnet, oder man holt sich den Schlüssel in der Weinparadiesscheune.

Hin & weg: Mit dem Zug bis Iphofen und mit dem Bocksbeutel-Express 109 oder dem Anruf-Sammeltaxi der Linie 8107 bis Hüttenheim. Oder mit dem Auto über Kitzingen anreisen.

Dauer & Strecke: Für die 14 km lange Wanderung sollte man mit einer Einkehr in der Weinparadiesscheune ca. 5,5 Std. einplanen. Für die 7 km lange Wanderung ab Schloss Frankenberg braucht man etwa 2 Std.

Beste Zeit: In den heißen Sommermonaten sind die waldreichen Wanderungen ganz besonders angenehm.

Ausrüstung: Wanderschuhe, bequeme Kleidung, ausreichend Wasser und ein Snack für unterwegs, Geld für eine Einkehr im Burggasthaus Rabenstein in Hüttenheim (www.burggasthaus.de).

Wenn es Nacht wird: Nach einem langen Wandertag kann man hervorragend im Landgasthof May entspannen und am nächsten Morgen erholt durchstarten (www.landgasthofmay.de).

NÄCHTE IM WEINFASS

... in Markelsheim

#47

Morgens im kuscheligen Bett eines Weinfasses aufwachen und erleben, wie die ersten Sonnenstrahlen den Weinberg wachküssen: eine Unterkunft inmitten des Taubertals mit abwechslungsreichen Landschaften, Burgen und Schlössern, an die man sich erinnern wird.

#Weinreich #AussichtvomBett #Weinbegeisterung

Markelsheim ist ein kleiner Weinort im Taubertal, der sich von anderen Weinorten auf ganz besondere Weise unterscheidet: Man kann hier in Weinfässern übernachten. Die romantischen Unterkünfte liegen oberhalb der Weinberge des Roggenbergs und bieten schöne Blicke von Markelsheim über die Wein- und Steinriegellandschaften bis Weikersheim.

Bevor man sein Weinfass voller Vorfreude in Beschlag nehmen kann, bricht man am besten zu einer Wanderung voller kultureller und landschaftlicher Highlights auf. Es geht direkt in den Weinberg. Nachdem man einige Zeit an den zukünftigen edlen Tropfen entlang spaziert ist, passiert man Reihen mit Obstbäumen, Hecken und Wiesen.

Vorbei an Kirschbäumen, die sich unter ihrer saftigen Last biegen, und gold leuchtenden Feldern erreicht man einen schmalen Pfad und kann zwischen den Bäumen einen Blick auf das Schloss Weikersheim erhaschen.

Wenig später kommt man an dessen Tor. Einen Spaziergang durch den weitläufigen Barockgarten á la Versailles sollte man sich nicht entgehen lassen.

Die Steinriegellandschaft ist heute ein wichtiger Lebensraum für viele Tier- und Pflanzenarten.
Burg Neuhaus ist Besuchern größtenteils verschlossen. Nur die Ruine des alten Turms ist zugänglich.

Tipp: Wem der Magen knurrt, findet in den Deutschherren-Stuben hervorragende regionale Küche (www.deutschherren-stuben.de).

Ist der angrenzende Stadtpark durchquert, steigt man zum Naturschutzgebiet Steinriegellandschaft hoch. Jahrhundertelang haben Acker- und Weinbauern die Muschelkalkbrocken aus ihren Feldern geholt und an deren Rand aufgehäuft. Die daraus entstandenen Wälle werden als Steinriegel bezeichnet. Sie wurden im Lauf der langen Zeit von Hecken

Der Blick ins Taubertal zeigt nicht nur viele kleine Dörfer entlang des Flusses, sondern auch Orte mit prachtvollen Gebäuden wie das Schloss in Weikersheim.

und Bäumen überwuchert. Heute sind sie ein kleines Paradies, in dem sich Pflanzen und Tiere zuhause fühlen.

Am nächsten Morgen gehört einem der Sonnenausfang über dem Weinberg und der weiten Landschaft scheinbar ganz allein und man kann im zweiten Fass ein Frühstück mit Aussicht genießen. Nach dem Check-out bietet sich eine kleine Tour zur Burg Neuhaus an. Vom Bahnhof wandert man über den Weinlehrpfad wieder den Weinberg hinauf.

Wer schon alles über Wein weiß oder lieber im Schatten laufen möchte, kann hinter der ersten Baumreihe weitergehen. Ansonsten folgt man dem Weinlehrpfad, auf dem unter anderem die Unterscheidung von Rotling und Rosé erklärt wird.

Wenn sich beide Wege wieder vereinigt haben, geht es im Wald weiter. Man betritt das Naturschutzgebiet Neuhaus mit bunten Wiesen, auf denen von Juni bis August vor allem Schachbrettfalter flattern.

Dann erreicht man die Burg Neuhaus, zu deren Turmruine die linke Treppe hinter dem Tor führt. Der Innenhof ist ein Privatbereich, den man nicht betreten sollte. Dann führt eine lange Treppe hinunter nach Igersheim, wo man im Heckenwirt einkehren kann. Aber auch eine Erkundung des Orts ist interessant. Entlang des Radwegs erreicht man wieder Markelsheim und kann mit vielen fas(s)zinierenden Erinnerungen glücklich nach Hause zurückkehren.

Hin & weg: Mit dem Bus bis Lauda und mit dem Zug weiter bis Markelsheim oder mit dem Auto über die B19 und in Igersheim nach Markelsheim abbiegen.

Dauer & Strecke: Die Wanderung nach Weikersheim umfasst 17 km und mind. 5,5 Std., die Wanderung zur Burg Neuhaus 10 km und ca. 3 Std.

Beste Zeit: Goldene Felder und tanzende Schachbrettfalter sieht man im Juli.

Ausrüstung: Feste Schuhe und sommerliche Wanderkleidung, ausreichend Wasser und ein Snack für unterwegs, Geld für eine Einkehr.

Wenn es Nacht wird: Die traumhaften Weinfässer mit Vesper, Wein und Frühstückskorb findet man bei www.jakobshof-lehr.de

---

FAZIT: ROMANTISCHES WEINFASSERLEBNIS INMITTEN DES WEINBERGS.

50 SHADES OF GREEN

… auf der Tauber

#48

Sich einfach treiben lassen, während ein Urwald aus Grüntönen langsam vorbeizieht: Bei einer zweitägigen Tour auf der Tauber warten hinter jeder Biegung des mäandernden Flusses ein neues Gesicht der wilden Wasserlandschaft und ein neues aufregendes Abenteuer.

#Flussurwald #treibenlassen #Wasserwandern

Die Tauber wird oft im Rahmen von Eintagestouren befahren. Schade, ist sie doch so einzigartig und spektakulär. Intensiver erleben lässt sich die traumhafte Flusslandschaft auf einer zweitägigen Tour. Startpunkt ist Bad Mergentheim. Hier kann man bei Kanu-Touristik Drescher ein Kajak mieten (www.kanu-touristik-drescher.de).

Nachdem das Gepäck wasserfest verstaut wurde, erhält man Informationen zur geplanten Strecke, dann wird auch schon das Boot zu Wasser gelassen. Anfänger erhalten eine Einweisung ins sichere Einsteigen und den Paddeleinsatz. Auf der gesamten Strecke beschatten hohe Bäume die meist langsam fließende Tauber – im Wechselspiel aus Sonne und Schatten taucht man zum ersten Mal das Paddel ins Wasser.

Grün in endlosen Farbabstufungen rahmt die Tauber ein und erschafft einen Mikrokosmos voller Vogelstimmen, akrobatischer Libellen und plätschernden Wassers.

Das erste Wehr ist schnell erreicht, man umgeht es über Land. Kurz darauf kommt auch schon das erste kleine Abenteuer in Sicht: ein Schrägwehr, das man mit Schwung hinabgleitet. Für die nächsten Kilometer kann man sich nun ganz der traumhaften Umgebung widmen.

Die Welt außerhalb des Flusses verschwindet hinter einem dichten Blättervorhang, der leise im Wind rauscht. Einige Bäume neigen sich tief über das Wasser, und sehen sich ihre Besucher aus nächster Nähe an. Beinahe lautlos gleitet man durch diese urwaldgleiche Natur, umgeben von endlosen Grünschattierungen. In diesem Mikrokosmos tummeln sich die unterschiedlichsten Tiere. Mit etwas Glück kann man am Ufer Schildkröten sehen, und im Wasser schwimmen Fische und Frösche um die Wette. In den Sommermonaten lassen sich Libellen wie Mosaikjungfern und Prachtlibellen in großer Zahl beobachten, und Eisvögel jagen entlang des Flusses kleine Fische und Insekten.

Es lohnt sich, die Paddel hin und wieder ruhen und sich an der faszinierenden Flusslandschaft vorbei treiben zu lassen. Jede Biegung hält eine neue Überraschung bereit: eine schnatternde Entenfamilie, ein seichter Flussabschnitt oder etwas Nervenkitzel bei einer flotteren Passage. Schließlich fährt man bei Lauda den Kanal bis zum Ausstieg entlang. Am besten kurz vorher den Kanuverleih anrufen: Er gibt Bescheid, wo man das Boot für die Nacht liegen lassen kann. Das übrige Gepäck darf mit zur Unterkunft.

Am nächsten Morgen wird das Boot wieder beladen, und man taucht ein zweites Mal in die einzigartige Landschaft der Tauber ein. Erneut wartet hinter jeder Biegung der wunderbare Reiz des Unbekannten.

Man kann sich an der beeindruckenden Umgebung und den Grüntönen kaum sattsehen. Man sollte deshalb selbst entscheiden, wie lange und wie weit man fahren möchte. Es empfiehlt sich, dies im Voraus mit dem Kanuverleih abzusprechen. Wem etwa die halbe Strecke des Vortags genügt, der zieht das Boot in Dittigheim an Land und kontaktiert anschließend den Verleih bezüglich der Abholung.

Hin & weg: Von der B19 nach Bad Mergentheim abbiegen, an der ersten Kreuzung nach rechts und dann gleich wieder links abbiegen.

Dauer & Strecke: Für die 14 km am ersten Tag braucht man mit Einweisung und gelegentlichem Treibenlassen ca. 4,5 Std., am zweiten Tag sollte man für die 7,5 km ca. 2 Std. einplanen.

Beste Zeit: Mai bis August, im Sommer kann das Wasser sehr niedrig sein, was aber auch seinen Reiz haben kann.

Ausrüstung: Bequeme Kleidung, die auch nass werden darf, Wechselkleidung für den Abend, ggf. Aquaschuhe, Sonnenschutz, ausreichend Wasser und einen Snack für unterwegs.

Wenn es Nacht wird: Der altdeutsche Gasthof Goldener Stern liegt nur 900 m vom Ausstieg an der Tauber entfernt (www.goldener-stern-lauda.de).

FAZIT: MAL BREIT, MAL SCHMAL, MAL SCHNELL, MAL LANGSAM: ABER IMMER IST DIE TAUBER GRÜN, WILD UND UNHEIMLICH ÜBERRASCHEND.

MALERISCHE ZEITREISE

… in Sulzfeld am Main

#49

»Einmal Mittelalter bitte«, und schon rattert die Zeitmaschine los in Richtung Sulzfeld am Main. Von einer fast vollständig erhaltenen Befestigungsanlage umgeben, hat es sich die Magie der Vergangenheit bewahrt. Noch älter ist hier nur der Weinbau.

#Zeitmaschine #Maindreieck #MagiederaltenSteine

Die alte, fast vollständig erhaltene Ortsmauer aus dem 15. Jahrhundert verfügt über drei Tore und 18 Türme.

Sulzfeld am Main ist ein malerischer Ort im Maindreieck, in dem man sich in eine ferne Vergangenheit zurückversetzt fühlt: ein intakter Befestigungsring mit Wehrtürmen aus dem 15. Jahrhundert und alte Stein- und Fachwerkhäuser katapultieren Besucher vorübergehend zurück ins Spätmittelalter.

Reist man erst am Nachmittag an, empfiehlt sich ein ausgedehnter Spaziergang, um den alten Weinort näher kennenzulernen. In einer enger werdenden Spirale spaziert man an der Stadtmauer mit ihren erstaunlich gut erhaltenen Wehrtürmen entlang, und kommt zudem an vielen einzigartigen Stein- und Fachwerkgebäuden sowie dem beeindruckenden Rathaus aus dem 17. Jahrhundert vorbei.

Bevor sich ein Drehwurm entwickeln kann, verlässt man Sulzfeld und spaziert durch einen Hohlweg in den angrenzenden Weinberg Maustal. Zwischen den Reihen der Weinstöcke wandert man weiter und genießt den Weitblick in den Steigerwald.

Die Skyline von Marktbreit lässt es schon vermuten: Den Besucher erwartet ein historischer Ortskern mit alten, prachtvollen Gebäuden.

Nach einem Abstecher zwischen die Felder und Reihen alter Obstbäume erreicht man den Sonnenberg, ebenfalls eine bekannte Weinlage von Sulzfeld. Vorbei an den zukünftigen Frankenweinen kehrt man schließlich nach Sulzfeld zurück.

Nachdem man so viel Wein in Augenschein genommen hat, mag manch einer vielleicht Lust auf das leckere Endprodukt bekommen haben. Super, wenn man ohnehin im Vinotel Augustin übernachtet. Dann muss man für eine Weinprobe nur die Straßenseite wechseln und hat schon das Weingut Augustin erreicht.

Am nächsten Tag rufen weitere malerische Orte des Maindreiecks danach, erkundet zu werden. Dazu folgt man erst dem Radweg und biegt dann in den Weinberg des Maustals ab. Man erreicht den Aussichtspunkt Weinhalla und kann den Blick über Main und Steigerwald schweifen lassen.

An der Segnitzer Spitze nach Frickenhausen abbiegen und entlang der Felder bis zum Kapellenberg mit dem Terroir F Frickenhausen laufen. Hier wird die Verbindung von Wein und Bibel verdeutlicht und auf die Bedeutung des Weins in vergangenen Kulturen wie Babylon und Ägypten eingegangen.

Der Aussichtspunkt Weinhalla liegt inmitten des Weinbergs Maustal und macht vielleicht Lust auf Wein, zum Beispiel bei einer Weinprobe am Abend.

Durch das Obere Tor betritt man Frickenhausen mit seinen kleinen Gassen, alten Häusern und eindrucksvollen Türmen, die entlang der spätmittelalterlichen Stadtmauer stehen.

Hin & weg: Mit dem Zug bis Marktbreit oder Kitzingen und der Linie 8112 weiter bis Sulzfeld oder mit dem Auto über Kitzingen nach Sulzfeld.

Dauer & Strecke: Der ca. 7 km lange Spaziergang dauert etwa 2 Std., für die 19 km lange Wanderung sollte man 6 Std. einplanen.

Beste Zeit: Den Weinort besucht man am besten, wenn der Wein wächst. Also von Mai bis September/Oktober.

Ausrüstung: Wanderschuhe, bequeme Kleidung, ausreichend Wasser für unterwegs, Geld für die Einkehr, z. B. beim Gasthaus zum goldenen Löwen in Sulzfeld (www.loewe-sulzfeld.de).

Wenn es Nacht wird: Das Vinotel Augustin gehört zum gleichnamigen Weingut und ist günstig nahe der Stadtmauer gelegen (www.weingut-augustin.de/vinotel).

In Salvas Eiscafé können sich Naschkatzen ein Eis gönnen und damit durch das Maintor Am Mee schlendern. Nun dem Radweg bis in den Gärtnerort Segnitz folgen, an Feldern und Gewächshäusern entlang und auf die andere Mainseite: willkommen in Marktbreit.

Hier wird die Vergangenheit durch die vielen Gebäude aus dem 16. bis 18. Jahrhundert und dem alten Mauerring spürbar. Gegenüber dem Seinsheimschen Schloss lädt das Café Dolce Ambiente zu einer Pause ein. Anschließend wandert man über Segnitz wieder nach Sulzfeld und kehrt dort in die Gegenwart zurück.

FAZIT: SPÄTMITTELALTERLICHER CHARME IN SULZFELD, UM SULZFELD UND UM SULZFELD HERUM.

IM RÄUBER-LAND

... bei Mespelbrunn

#50

Die dichten Wälder des Spessarts waren früher berüchtigter Tummelplatz für Räuber und andere Halunken. Heute muss man rund um Mespelbrunn keine Angst mehr haben. Brusttasche, Geldgürtel und Pfefferspray kann man getrost zu Hause lassen und ganz unbekümmert Wald und Wasser erkunden.

#WandernamWasser #Wasserschloss #Quellwasserverkostung

Der Spessart mit seiner dichten Bewaldung war früher ein sehr beliebter Rückzugsort für Räuber und andere Schurken. Darum verwundert einen auch der Name Räuberland nicht, unter dem sich einige Gemeinden rund um Mespelbrunn zusammengeschlossen haben. Neben dem tiefen mystischen Wald spielt aber auch das Wasser eine bedeutende Rolle in der Region.

Am Anreisetag lässt sich wunderbar eine längere Wanderung unternehmen, bei der man gleich dreimal das kostbare Nass des Räuberlands kennenlernt. Von der Wallfahrtkirche Hessenthal zu dem Bach abbiegen, der dem Tal seinen Namen gibt: die Elsava, die manchmal flüsternd, manchmal plätschernd am Weg entlang fließt. Immer wieder die Bachseite wechseln, bis man schließlich einen Schwenk in Richtung des Schlosses Mespelbrunn macht.

Die Elsava zieht sich wie eine Lebensader durch das gleichnamige Tal. Auf der Suche nach ihrer Quelle stößt man auf einen märchenhaften Ort mitten im Wald.

Das märchenhafte Wasserschloss Mespelbrunn wurde im 15. Jahrhundert von Familie Echter erbaut, deren berühmtester Sohn Julius Echter die Universität in Würzburg gründete. Dank seiner versteckten Lage in einem Seitental hat das Schloss alle Kriege unbeschadet überstanden, und die Enten und Schwäne vor der eindrucksvollen Kulisse unterstreichen den Superlativ der Schlossromantik. Vorbei an der Gruftkapelle erreicht man den Minigolfplatz Adventure Golf Räuberland. Hier kann man den Schläger schwingen oder einfach nur die ausgefallene Anlage bewundern.

Weiter dem Weg in den Wald folgen. Nur um das Mühlenrad der Alten Mühle, das sich fleißig unter einem steten Wasserlauf dreht, zu sehen, guckt man kurz zwischen den Bäumen hervor. Dann verschwindet man länger in den Weiten des Waldes. Rechtzeitig, wenn der Magen knurrt, hat man das Hohe-Wart-Haus erreicht und kann zu einer leckeren Mahlzeit ein Bier aus der hauseigenen Waldbrauerei probieren (www.hohewart-haus.de).

Am nächsten Morgen kann man auf einer kurzen Wanderung die Quelle der Elsava suchen. Ein Stück dem Weg vom Vortag folgen und dann zu einer schön angelegten Kneipp-Anlage abbiegen. Auch Kinder haben hier ihren Spaß, denn am Wasserlauf laden Dämme und Wasserräder zum Spielen ein.

In weiten Serpentinen schraubt man sich den Hügel hinauf, und kann immer weiter ins Elsava-Tal blicken. Man betritt einen verwunschenen Mischwald mit teils knorrigen Bäumen. Und wo immer es die Sonne bis zum Waldboden schafft, haben Farne ihre weit verzweigten Blätter wie Sonnensegel aufgespannt. Hier und da kann man vielleicht ein paar Pilze entdecken und nur wenig später ist die Quelle der Elsava erreicht. In einem Becken sammelt sich das frische, kühle Quellwasser, bevor es in einen kleinen Wasserlauf plätschert.

Daraufhin läuft man den Kaltenbachgrund entlang, in dem Moorschnucken für die Landschaftspflege zuständig sind. Wanderer werden von den aufmerksamen Schafen blökend willkommen geheißen. Dann erreicht man wieder die Wallfahrtskirche - unbeschadet natürlich, denn das ehemalige Räuberland ist heute ein Wanderland.

FAZIT: WANDERN IM RÄUBERLAND – VIEL WALD, VIEL WASSER, VIEL WANDERSPAß.

Hin & weg: Mit dem Zug nach Aschaffenburg und weiter mit der Linie 40 bis Hessenthal oder mit dem Auto über die A3 bis Weibersbrunn und dann in Richtung Mespelbrunn/Hessenthal.

Dauer & Strecke: Für die längere, 14 km lange Tour sollte man mit einer Einkehr 5 Std. einplanen, für die kürzere, 9 km lange Tour braucht man etwa 2,5 Std.

Beste Zeit: In den Sommermonaten, wenn man sich beim Wandern über schattige Wälder und kühles Wasser besonders freut.

Ausrüstung: Feste Wanderschuhe, ausreichend Wasser und einen Snack für unterwegs, Geld für eine Einkehr und ggf. das Schloss Mespelbrunn.

Wenn es Nacht wird: Von Müller's Landhotel in Hessenthal kann man das weite Elsava-Tal überblicken und hat es nicht weit bis zum Startpunkt der Touren (www.muellers-landhotel.info).

DER LAUF DER ZEIT

... in Röttingen

#51

Die Zeit bestimmt fast alles: unseren Tagesablauf, unsere Arbeit, ... Doch zum Glück gibt es auch die Freizeit, die schönste Form der Zeit. Und die nutzt man am besten, um sich diesem Thema in und um Röttingen auf eine begeisternde und spannende Art zu näher.

#Zeiterlebnis #Uhrenkunst #Zeitempfinden

Kunstvolle Sonnenuhren vor einer Fachwerk-Kulisse: in der Stadt der Sonnenuhren ist das ganz normal.

Zeit: für viele gestresste Menschen das Feindbild schlechthin. Dabei ist sie bekanntlich relativ und hat auch ihre schönen Seiten. Davon überzeugt man sich am besten bei einem Aufenthalt in Röttingen.

Tage, Monate und Jahre können sich sehr unterschiedlich gestalten. Das zeigt sich bei einer längeren Wanderung, die am Rathaus von Röttingen beginnt. Durch malerische Gassen mit einigen hübschen Fachwerkhäusern führt der Weg zunächst zum Weinberg. Langsam steigt er an und führt an den prallen Trauben des neuen Jahrgangs vorbei.

Nachdem man einige Weinbergshäuschen passiert hat, geht es hinunter ins Tal zur Tauberbrücke von Tauberrettersheim. Ein einzelner Heiliger beobachtet den Wanderer bei seinem Weg über das fast 300 Jahre alte Bauwerk, das von Balthasar Neumann entworfen wurde.

Felder säumen den nächsten Wegabschnitt, die Tauber verläuft immer in Sichtweite hinter einer Baumreihe. Man erreicht eine alte Bahnbrücke, an der sichtlich der Zahn der Zeit nagt. Rost und morsche Holzbalken verleihen der früheren Gaubahnbrücke einen einzigartigen Lost-Place-Charme.

Vom Jakobsturm aus blickt man über die Dächer Röttingens auf die Burg Brattenstein. Lässt man den Blick schweifen, kann man von oben noch weitere Fachwerk-Häuser erkennen.

Einem Schotterweg folgend, erreicht man den Beginn des Planetenwegs. In Form einer großen Kugel aus gelbem Metallgeflecht begrüßt uns die Sonne auf einem Mast. Tafeln informieren über den Feuerball und den Weg, der sowohl die Größe als auch die Abstände der nachfolgenden Planeten maßstabsgetreu abbildet. 365 Tage sind ein Erdenjahr. Je weiter man von der Sonne entfernt ist, umso länger brauchen die Planeten für eine Sonnenumrundung – und damit für ein Jahr. Schließlich erreicht man die Sternwarte von Weikersheim, in deren Hof der Saturn mit seinen markanten Ringen steht. Am Neptun biegt man vom Planetenweg ab. Übrigens: 160 Erdenjahre ergeben ein Neptunjahr.

Durch den stetig kreisenden Schatten der Windräder erreicht man den Wald, in dem ein Lehrpfad bekannte und weniger bekannte Baumarten erläutert. Auf einen schmalen Waldweg abbiegen und wenig später ist wieder Röttingen erreicht.

Am zweiten Tag kann man sich einmal genauer ansehen, warum Röttingen nicht nur für seine Frankenfestspiele, sondern auch für Sonnenuhren bekannt ist. Die erste Sonnenuhr er-

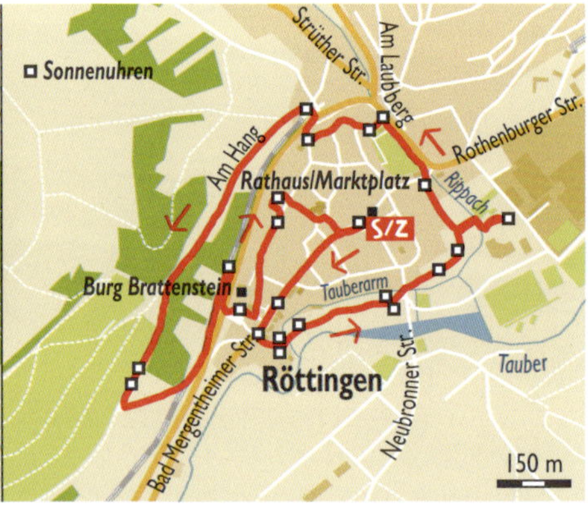

Den Lauf der Zeit kann man nicht nur am Schatten auf einer Sonnenuhr ablesen, sondern über das Jahr hinweg auch am Stand der Sterne erkennen.

wartet die Passanten bereits wenige hundert Meter vom Rathaus entfernt. Dann biegt man zu einer weitläufigen Parkanlage ab, und vor der herrlichen Kulisse der Stadtmauer mit ihren alten Türmen stehen erneut einige wunderschöne Sonnenuhren. Inzwischen ist klar: Keines der über 20 Werke des bereits verstorbenen Künstlers gleicht dem anderen.

An der Stadtmauer entlangspazieren und kurz zu einer Bodensonnenuhr abzweigen, bei der die Betrachter selbst den Schatten werfen, der die Uhrzeit bestimmt.

Vorbei an weiteren kunstvollen Zeitmessern führt der Weg kurz in den Weinberg und vorbei an Burg Brattenstein ist bald wieder der Ausgangspunkt der Zeitreise erreicht.

Hin & weg: Am Wochenende mit dem Maintalsprinter von der Haltestelle Bismarckstraße/Hauptbahnhof bis Röttingen oder mit dem Auto über die B19 bis Abzweig Röttingen und am Parkplatz Jakobsturm parken.

Dauer & Strecke: Für die 16 km lange Wanderung sollte man 5 Std. einplanen, für den 3,5 km langen Sonnenuhrenweg braucht man ca. 1 Std.

Beste Zeit: Wenn sich die ersten Blätter im Herbst verfärben.

Ausrüstung: Bequeme Schuhe, wettergerechte Kleidung, Wasser und ein Snack für unterwegs.

Wenn es Nacht wird: Der mittelalterliche Jakobsturm ist ein Teil der alten Stadtmauer und heute eine ausgefallene Unterkunft. Man schläft oben im Turmzimmer mit einer herrlichen Aussicht über die Dächer Röttingens (www.roettingen.de).

FAZIT: HERRLICHE KONFRONTATIONSTHERAPIE FÜR GESTRESSTE ZEITOPFER.

BLAUES GOLD

... in Wiesenbronn

#52

Gold glänzt nicht immer gelb. Manchmal hat es ein tiefes, fast schwarzes Blau und wächst in den Weinbergen von Wiesenbronn. So kam der Ort einst zu seinem klangvollen Beinamen Rotweininsel. Am Rand des Steigerwalds gelegen, eignet sich die Region perfekt zum Wandern.

#wachsendeSchätze #Weinkunst #süßeVerlockungen

Im Weinlabyrinth bei Wiesenbronn ist das Naschen der unterschiedlichen Weiß- und Rotweintrauben ausdrücklich erlaubt.

Wie fast überall in Franken dominiert in Wiesenbronn der Wein. Man findet ihn im Weinberg, im Glas und sogar in der Kunst. Aber nicht nur die Weinberge mit ihren dunklen Trauben, sondern auch weite Felder und lichte Wälder laden zu Wanderungen in die Umgebung ein.

Bei einer Anreise am Morgen kann man sich mit einer längeren Wanderung in der Region einen wunderbaren Überblick verschaffen. Los geht's am Parkplatz Seegarten. Der Ortsrand ist schnell erreicht, und man folgt dem Radweg in Richtung Castell, an dem viele Schlehen mit ihren dunkelblauen Beeren stehen. Bald erkennt man die Schlosskirche von Castell, die sich prachtvoll über den Dächern der Häuser erhebt. Im Hintergrund wachsen Bäume und Weinberge die Bergflanke empor.

Vorbei an der großen Parkanlage des Schlosses Castell führt der Weg zwischen Feldern weiter. Man erreicht einen schattigen Rastplatz und nur ein paar hundert Meter später den Wald, in dem Naschkatzen eine echte Herausforderung meistern müssen: trotz all der zuckersüßen Brombeeren am Wegrand irgendwie vorwärts kommen. Der Weg verläuft

Die reifen Brombeeren am Wegrand stellen für Nachkatzen eine enorme Verlockung dar.
Der Blick von oben über Castell und die Landschaft des Kitzinger Lands.

zu Beginn weitgehend eben. Dann steigt er an, bis ein Aussichtspunkt erreicht ist, und man anschließend an der höchsten Stelle abbiegt. Der breite Forstweg weicht bald einem schmalen Waldweg, der sich durch den Buchen- und Eichenwald schlängelt.

Man kommt nun zum Schlossberg und dem Turm der einstigen oberen Burganlage. Wenige Meter weiter unten stand früher eine weitere Burg auf einem Hügel. Von ihrem ehemaligen Standort kann man heute eine spektakuläre Aussicht genießen. Durch den Weinberg geht

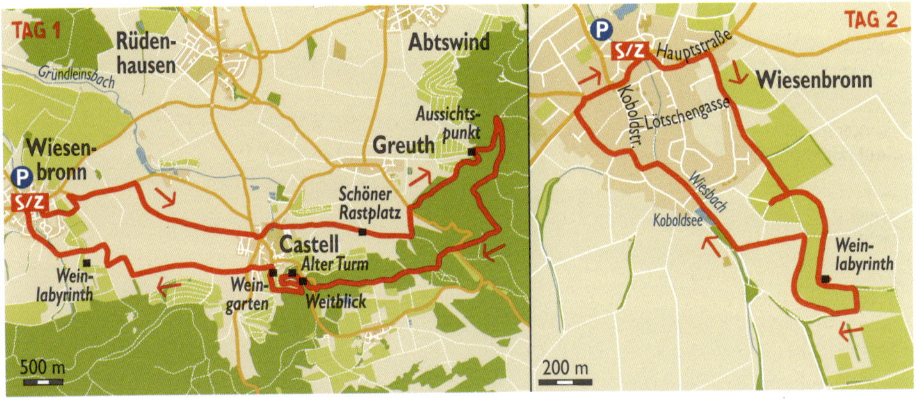

Pralle Weintrauben so weit das Auge reicht: Kurz vor der Weinlese hängen die Weinstöcke übervoll mit leckerem Frankenwein.

es hinunter nach Castell. Im August bekommen die Rotweintrauben endlich Farbe und leuchten herrlich unter den Blättern der Weinstöcke hervor.

Tipp: Direkt am Weg liegt der Weingarten, der sich hervorragend für eine Einkehr mit herrlicher Aussicht über die weite Landschaft eignet (www.casteller-weingarten.de). Zwischen bereits abgemähten Getreidefeldern und noch leuchtenden Sonnenblumenfeldern führt der Weg zurück nach Wiesenbronn.

Am nächsten Morgen bietet sich ein kleiner Spaziergang entlang des Wein-Kunst-Wegs an. Winzer und Künstler haben gemeinsam an der Umsetzung dieses Projekts gearbeitet und auf dem knapp vier Kilometer langen Weg Weinwissen und moderne Kunst vereint.

Vom Parkplatz Seegarten führt der Weg zunächst am Ortsrand entlang. Wie an einer Perlenschnur reihen sich hier die Skulpturen auf, die manchmal leicht zugänglich sind und oft zum Nachdenken anregen. Anschließend erreicht man das Weinlabyrinth und bahnt sich vorbei an saftigen Trauben den Weg zum Mittelpunkt. Wie schmeckt der neue Jahrgang? Im Labyrinth ist Probieren ganz offiziell erlaubt.

Den Abschluss bildet das Werk »Rotweininsel«, das noch einmal den Wert des flüssigen Goldes für die Region unterstreicht.

Hin & weg: Mit dem Zug bis Iphofen oder Kitzingen und weiter mit dem Bus der Linie 108 oder dem Ruf-Bus der Linie 8111. Oder mit dem Auto am Seegarten parken.

Dauer & Strecke: Die Wanderung über Castell ist 19 km lang und man sollte mit Einkehr mind. 6,5 Std. einplanen. Für den knapp 4 km langen Spaziergang am zweiten Tag braucht man etwa 1 Std.

Beste Zeit: Wer im Weinlabyrinth den neuen Jahrgang probieren möchte, findet im August/September schmackhafte Trauben.

Ausrüstung: Feste Schuhe und wettergemäße Kleidung, ausreichend Wasser und einen Snack für unterwegs, Geld für eine Einkehr.

Wenn es Nacht wird: Das Rothweinhotel liegt in einer ruhigen Sackgasse und bietet mit einem hervorragenden Frühstück im Wintergarten den perfekten Start in den Tag (www.rothweinhotel.de).

FAZIT: GOLDRICHTIGES ZIEL FÜR EINEN AKTIVEN MINIURLAUB AUF DER WUNDERSCHÖNEN ROTWEININSEL.

SONST NOCH WICHTIG

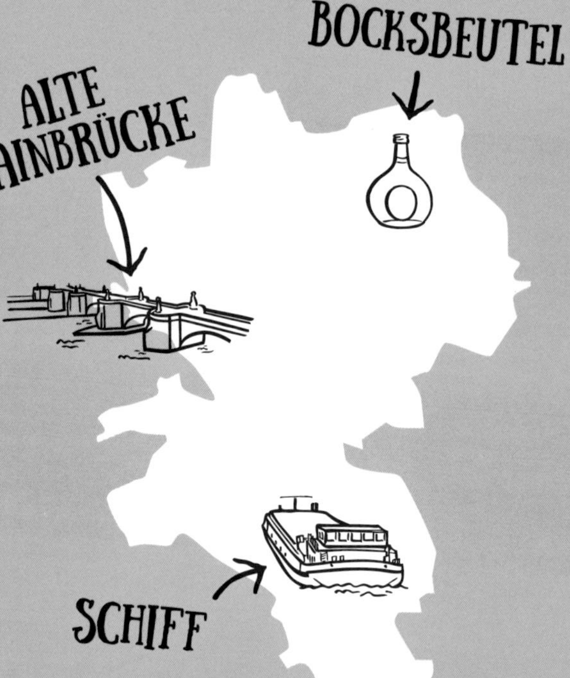

Ein- und Überblick

Karten für den schnellen Überblick, praktische Tipps, mehr über die Autorin sowie ein Ortsregister zum schnellen Nachschlagen gibt es auf den folgenden Seiten.

GPX-Download aufs Smartphone – so geht's

Voraussetzung:

Eine Outdoor-App muss installiert sein, z. B. KOMPASS, Outdooractive oder komoot. Zum Einlesen des QR-Codes benötigen Android-Geräte eine QR-Code-App. Bei iOS-Geräten ist diese Funktion in der Kamera integriert.

Daten downloaden:

1. Den QR-Code einlesen oder die Webadresse im Browser eingeben, um auf die Eskapaden-Website zu gelangen.
2. Die gewünschte Tour zum Download anklicken.
3. Bei iOS-Geräten werden die GPX-Daten direkt mit der vorab installierten App verknüpft. Bei Android-Geräten muss ggf. noch ein Weiterleiten-Button geklickt werden (z. B. oben rechts im Display). Manche Apps zeigen den Tourverlauf starr an, andere verfügen über eine Navigationsfunktion.

Tourenverlauf

GPX-Daten zum kostenlosen Download www.dumontreise.de/eskapaden/wuerzburg

short.travel/ba72p

Auf den folgenden Seiten: Die Eskapaden in drei Übersichtskarten von Wartmannsroth bis Bad Mergentheim. Die Ziffern stehen für die Eskapaden-Nummern.

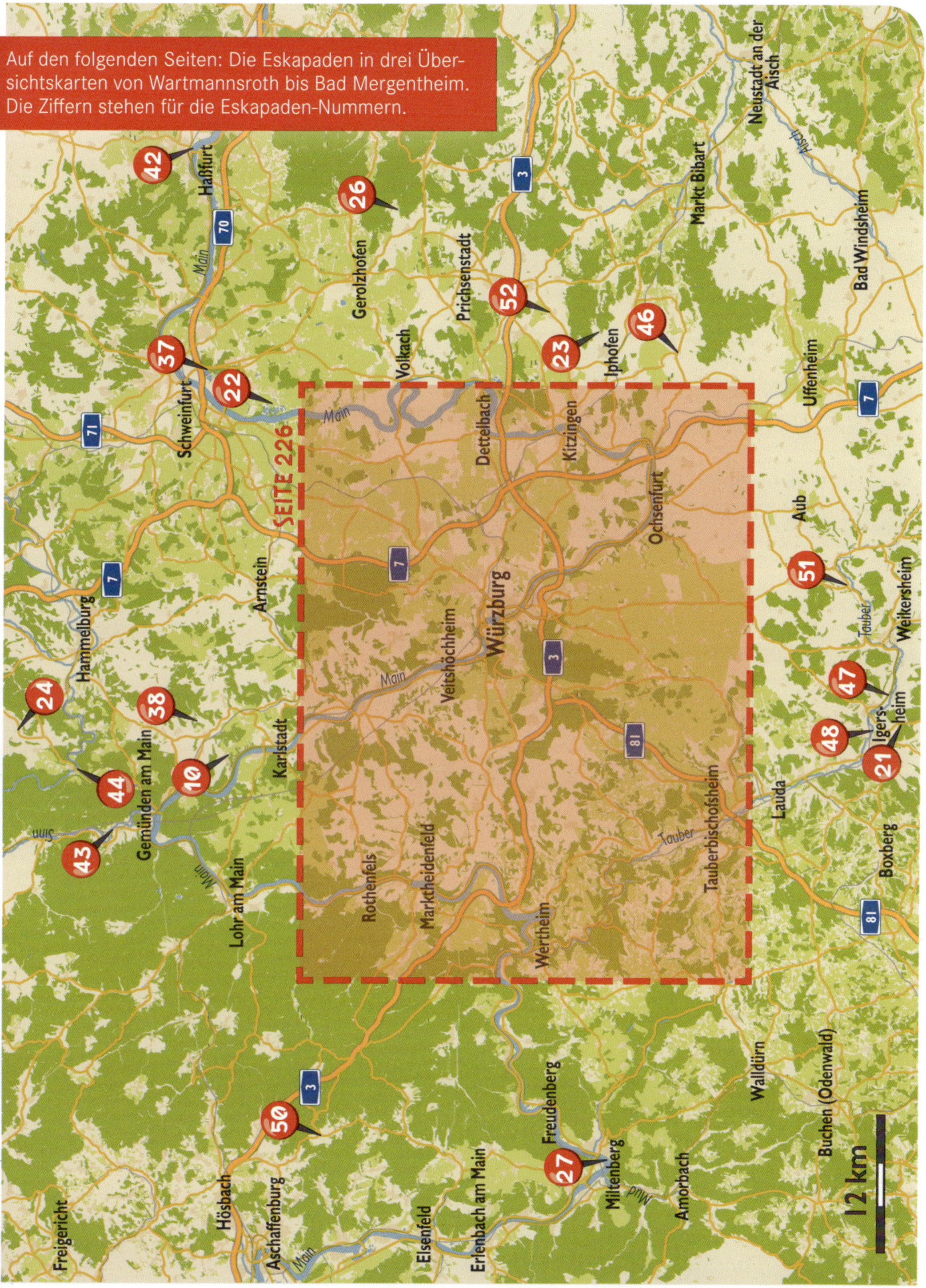

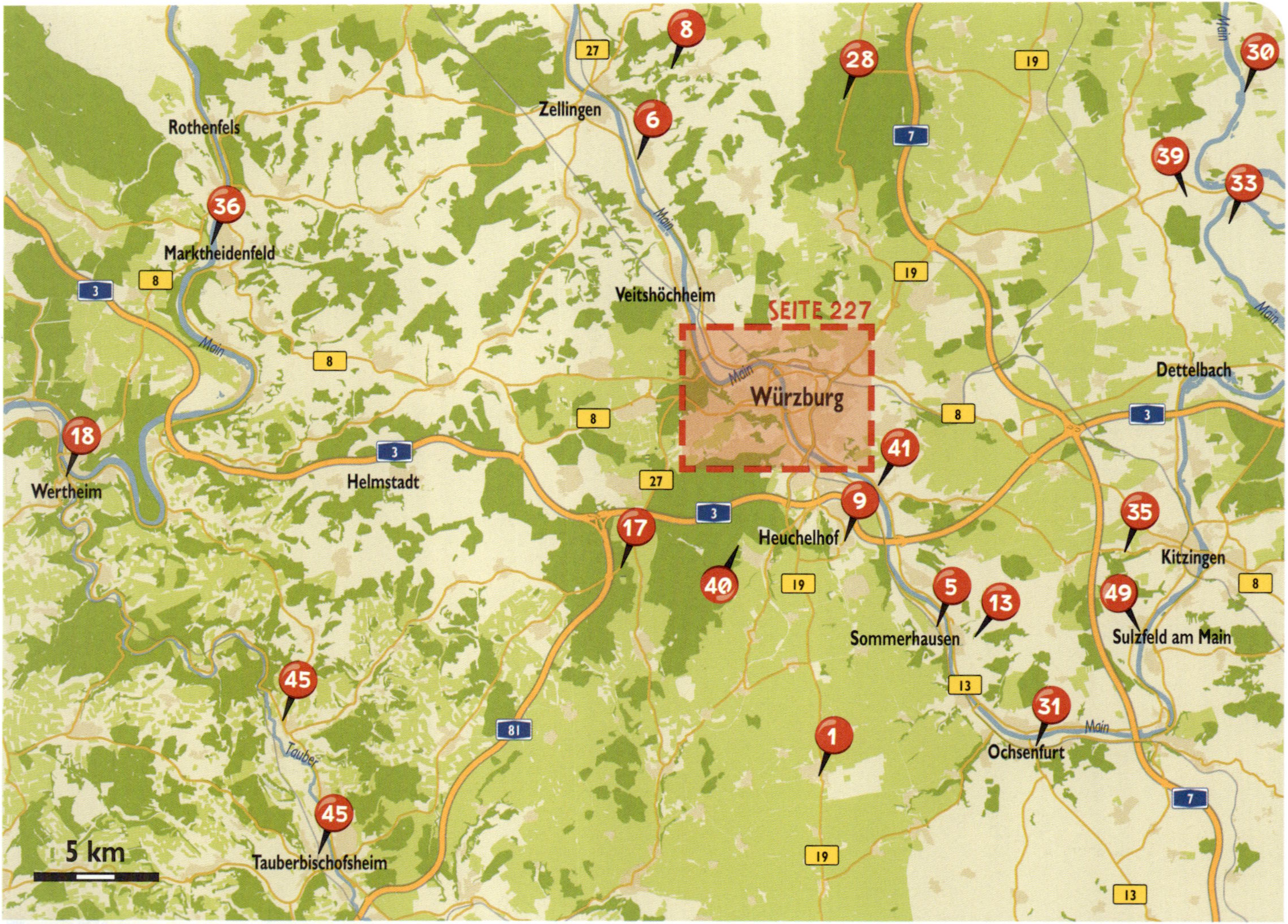
Rothenfels
Zellingen
Marktheidenfeld
Veitshöchheim
SEITE 227
Würzburg
Dettelbach
Wertheim
Helmstadt
Heuchelhof
Kitzingen
Sommerhausen
Sulzfeld am Main
Ochsenfurt
Tauberbischofsheim
Main
Tauber
5 km

Unterdürrbach
Dürrbachtal
Dürrbach
Dürrbachau
Rothofstraße
Würzbug-Zell
Main
Frankfurter Straße
Mainaustraße
Weißenburgerstr.
Zellerau
Höchberger Straße
Leistenstraße
Hauptstraße
Höchberg
Steinbachtal
Steinbach
600m
Mergentheimer Straße
Ludwigkai
Willy-Brandt-Kai
Würzburg
Rennweg
Ludwigstraße
Haugerring
Sanderring
Sanderau
Theodor-Heuss-Damm
Kantstraße
Heidingsfeld
Randersackerer Straße
Keesburg
Frauenland
Trautenauer Straße
Zeppelinstraße
Am Galgenberg
Hubland
Wittelsbacherstraße
Waltherstraße
Nürnberger Straße
Grombühl
Oberdürrbacher Straße
Pleichach
Lindleinsmühle
Lengfeld

NOCH MEHR ESKAPADEN …

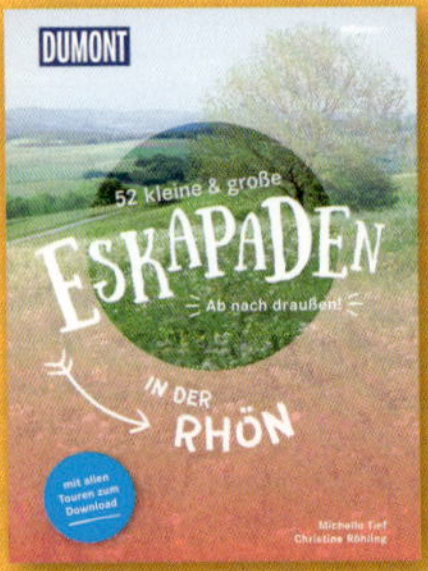

ISBN 978-3-7701-8099-8

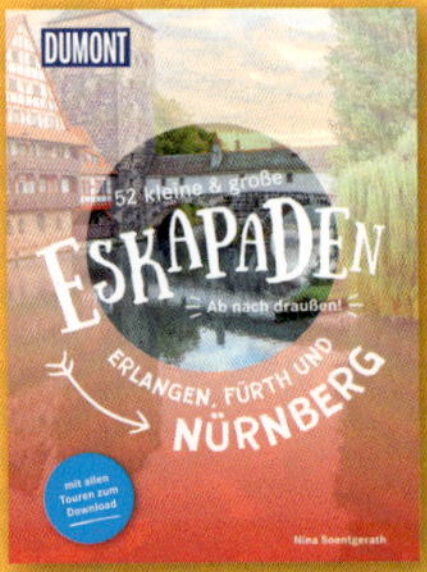

ISBN 978-3-616-11002-8

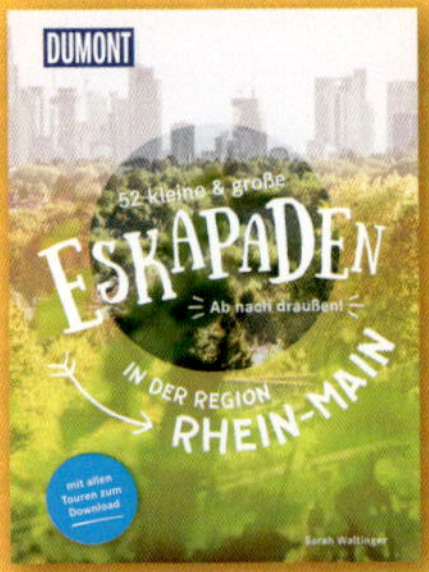

ISBN 978-3-7701-8091-2

… erhalten Sie im gut sortierten Buchhandel und unter www.dumontreise.de

IMPRESSUM

Reihenkonzept Monique Sorban

Projektmanagement Svenja Heinle

Cover-/Buchgestaltung & Illustrationen Carolin Weidemann, Köln, www.weidemann-design.com

Layout & Satz Sieveking · Agentur für Kommunikation, München, www.sieveking-agentur.de

Lektorat Ulrike Herzog, Baiersdorf

Texte & Fotos Verena Mog, Würzburg

Kartografie © KOMPASS, Innsbruck, unter Verwendung von Kartendaten von OpenStreetMap, Lizenz CC-BY-SA 2.0

Printed in Poland

2. Auflage 2022
© 2020 DuMont Reiseverlag, Ostfildern
ISBN 978-3-616-11001-1

www.dumontreise.de

FSC www.fsc.org
MIX
Paper from responsible sources
FSC® C139602

Weiterlesen

»Das Würzburg Wiki« ist eine wunderbare Quelle an vielen praktischen Informationen und Fakten (www.wuerzburgwiki.de). Auf www.mainfranken24.de gibt es jede Menge Wissenswertes zu Mainfranken. »Würzburg erleben« ist ein Onlinemagazin zu Lifestylethemen (www.wuerzburgerleben.de).

Geschmackssachen

Die fränkische Küche ist geprägt vom Wein, der fast überall zu finden ist: im Weinglas, der Silvanersuppe oder in Weinsaucen. Und auch Bratwürste bleiben unter Umständen nicht verschont – Winzerbratwürste enthalten einen Schuss Wein und Blaue Zipfel werden in Weinsud gekocht.

GUT ZU WISSEN ...

Ohne Auto

Innerhalb Würzburgs sind alle Ziele leicht mit dem öffentlichen Nahverkehr zu erreichen. Je weiter außerhalb das Ziel liegt, umso schwieriger kann sich die Anreise gestalten. Die schnellste Route findet man bei www.bayern-fahrplan.de oder www.bahn.de

Sicherheit & Notfälle

Die gebührenfreie europäische Notrufnummer 112 ist aus alle Netzen erreichbar und alarmiert Feuerwehr und Rettungsdienst.

Vor Ort im Netz

Wertvolle Tipps und viele schöne Ideen zu Touren in und um Würzburg findet man unter www.fraenkisches-weinland.de, www.naturpark-spessart.de, und www.steigerwald-info.de

ESKAPADEN-REGISTER ...

Alle Orte mit Seitenverweisen

VERENA MOG

… über die Autorin

Verena lebt seit ihrer Geburt in der Region Würzburg. Auch wenn es sie regelmäßig in die Welt hinauszieht, kehrt sie immer gern in ihre Heimat am Main zurück.

Überall sucht sie die Nähe zur Natur. Sie liebt das Wandern in Wäldern und den Bergen. Dabei schätzt sie die Landschaften ebenso wie ihre Bewohner: Orchideen, Schmetterlinge und Vögel.

Das Schreiben begleitet sie schon lange. Aus ihren Leidenschaften entstand ihr Reiseblog www.hinter-dem-horizont.com. Hier beschreibt sie neben Roadtrips auch Wanderungen – mal daheim in Franken, mal draußen in der weiten Welt.

Feierabend-Event

Eskapade #15: Perfektes Mittel nach einem langen Bürotag: abwechslungsreich auspowern, ungewohnte Aussicht über Würzburg erleben und dann am Main den Sundowner genießen.

Außergewöhnliche Begleitung

Eskapade #8: Mit einem Lama an der Seite den Wald, den Weinberg oder das Retztal unsicher machen. Eine tierisch entspannende Wanderung, die lange in Erinnerung bleibt.

5 BESONDERE EMPFEHLUNGEN …

Schutzgebiet-Hopping

Eskapade #22: Das AKW gehört der Vergangenheit an, die Zukunft gehört den Natur- und den Vogelparadiesen vor der dramatischen Kulisse zweier Kühltürme.

Auf Tarzans Spuren

Eskapade #28: Balance und Kraft bilden ein unschlagbares Team im Kletterwald. Auf bis zu 20 Metern Höhe sorgen rasante Seilbahnen und wackelige Brücken für Spaß.

Such mich … im Wald

Eskapade #46: »… 98, 99, 100. Ich komme!« Ruinen, Türme und vieles mehr haben sich im weiten Wald nahe Hüttenheim versteckt. Am besten fängt man gleich an mit der Suche.